お地蔵さんのお経

地蔵菩薩本願経講話

太田久紀

大法輪閣

お地蔵さんのお経 地蔵菩薩本願経講話

太田久紀

目次

はじめに ——母の思い出

今日二日は、母の命日でありました。

十七回忌になります。

墓前で『地蔵菩薩本願経《ぢぞうぼさつほんがんきょう》 見聞利益品偈《けんもんりやくほんげ》』を読誦しました。

母のことが、いろいろ思い出されてきます。

母はお地蔵さんを信仰しておりましたので、母の供養のために、この小さな本を書くことを発願しました。

母は、私が三十二歳のときに亡くなりましたが、今から思うと、心配ばかりかけて、何一つ親孝行らしいこともしておりませんでしたし、まして、仏様の話など、一度もしみじみとかわしたことはありませんでした。

『地蔵菩薩本願経』は、お釈迦様が忉利《とうり》天におられるお母様に向って、お話になったお経であります。

私の母は今、どこにいるのか知りませんが、お釈迦様がお母様にお話になったお経ですので、どこかできっと聞いていてくれることであろうと思います。

もう間もなく、私も五十歳になりますが、周囲を見まわすと、同年輩の友だちの中には、今でも元気な御両親と一緒に住んでいる人があり、この年になるまで親孝行のできる人たちが、もう親のない私からすると大変羨ましく思われます。

しかし、またよく考えてみると、三十二歳までは、母と生活ができたのですから、お釈迦様にくらべると、はるかに私は幸せであったとも思いなおされるのです。

お釈迦様は、生後七日でお母様とお別れになりました。産後の日だちが悪かったのでありましょう。お釈迦様の眼《まなこ》には、お母様の美しいお顔の記憶はなかったのです。

だからお釈迦様には、お母様に抱かれた幸せな絵画も彫刻もほとんどありません。

忉利天のお母様に向って『地蔵菩薩本願経』をお話になるお釈迦様のお気持ちは、どんなだったでしょう。お母様へのお釈迦様の思慕の情が、そくそくと伝わって参ります。

それにくらべると、私は三十二歳までは、とにかく母の側におられたのですから、はるかにずっと幸せであったといわなければならないのです。眼をふさぐと懐かしい母の面影が浮かんできます。幸せなのです。

お釈迦様は、眼をふさがれても、浮かんでくるお母様の面影はなかったのですから。

はじめに、私事で恐縮ですが、母のことを話させて下さい。私にとりまして、お地蔵さんは、いつも母を通して、その遠くにいらっしゃる仏様ですので、どうしても母の話から始めさせていただきたいのです。

母は、よくお地蔵さんを拝みました。

しかし私にはその頃、母がなぜお地蔵さんを拝んでいたのか、ほんとうにはわかっていなかったように思います。

若いということには、むごさとでも呼んでいいような、ある一種の冷たさがひそんでいるのではないでしょうか。

人のつらさとか、さびしさとかいたみとかいわれる気持ちが、わからないのです。

そこには、経験の未熟とか、あるいは、未来に向ってぐんぐん前進していく若い生命の鋭さとでもいうエネルギーが、あるのかもしれませんが、ある年齢に達してからふりかえってみると、恥ずかしいような鈍感な思いやりなさがあるように思います。

母に対しての私がそうでした。

お地蔵さんの前にうずくまって、ひたすら拝んでいた母の胸のうちなど、ついぞ一度もしみじみと察することはなかったように、今にしてつくづく思うのです。

自分が、母の年になり、自分の子供が同じようにそれぞれ自分の人生をあゆみはじめるようになって、ようやく、母のお地蔵さんを拝んでいた気持ちが、ひとつのいたみとして推しはかられるようになってきたのでした。

お地蔵さんの前に立っている思い出の母の胸のいたみが伝わってくるのです。

お地蔵さんを見かけると、どこでも母は、必ずちょっと立ち寄りました。長い間、手を合わせて何かを念じておることもありましたが、時には、そんなにあらたまることなく、さりげなくお地蔵さんをさするようにして立っていることもありました。

私の思い出の中の母は、お地蔵さんと重なりあって浮かんでくるのです。

母は、三十一歳の時に、長女——私の姉を四歳で亡くしました。

四歳の子供が、どんなにかわいい盛りであるか、自分が自分の子供を育ててみて、はじめてわかったことでした。

そのかわいい盛りの子供が、数日の病気で、あっという間に亡くなったのです。

亡くなった子供は、賢く思い出されるといいます。

あるいは、人が長い生涯に、何十年もかかって使いはたす智慧を、短い一生のうちに燃えあがらせてしまうために本当に賢いのかもしれません。

母の思い出の中にある姉も、賢い子であったようです。七十二歳で亡くなるまで、賢い子として、母の胸の中に生きつづけていました。


姉は、四月八日の早朝、生まれました。

お釈迦様と同じ日に生まれたというので、「法子《のり》」と名づけられました。

母は「ノーナン」と呼んでいました。

姉が亡くなったあと、近所のお婆さんたちは「ノーナン」が、あんまり尊い日に生まれ、尊い名前をつけられたので、それに負けてしまったのだろうと泣いていたそうです。

母の胸の中には、いつまでも四歳の「ノーナン」が生きつづけていました。

何年たっても変らない賢い「ノーナン」が母の思いの中にいたように思います。


洗濯物をたたみながら、何回か「ノーナン」が亡くなる半月ばかり前のことを、母は話しました。発病する数日前のことのようでした。

母が外出から帰ってみると、縁先に、洗濯物をつみあげて「ノーナン」は待っていました。

「雨が降ってきたので、洗濯物を、しまったけど、上の方は、手がとどかなかったので、ぬれてしまった。」ノーナンはそういいました。

にわか雨で「ノーナン」は、一生懸命、洗濯物をかたづけたのです。四歳の「ノーナン」には、一番下の竿にしか、棒がとどかなかったのです。

洗濯物をたたむ度に、母の胸には、その時の縁先に洗濯物をつみ重ねて、ひとり待っていた「ノーナン」の姿が思い出されたのでありましょう。

「ノーナン」は、遊びに行っていた母の里で熱をだしました。

母は、背に一歳の兄をおんぶし、病気の「ノーナン」の手をひいて帰ってきました。

汽車に一時間乗って、駅から四キロの道を歩いて帰ってきたのです。

急ぐ用事があったとはいえ、なぜ、その時に無理をして「ノーナン」をつれて帰ってきたのか。なぜ、もう一駅乗りすごして、隣りの大きい街まで行って、人力車でもやとってかえらなかったのか。いつまでもそれが悔やまれて、母は胸をいためているようでした。

四キロの道を、手をひかれて歩く「ノーナン」は苦しそうでした。

あんまり苦しそうなので、とうとう途中の知りあいに「ノーナン」をあずけ、背の赤ん坊と荷物を家においていて、母は急いで走るようにして「ノーナン」を迎えにとってかえしました。おそらく一時間とは、たっていなかったのでしょうが、苦しい「ノーナン」には、長い長い時間だったのでしょう。縁先に坐って一生懸命、母の来る道を遠くみつめて待っていました。

母に背負われた「ノーナン」は、母のことばによれば「焼け石のように熱かった」そうです。高い熱を出していたのです。

「ノーナン」の病気は、ほんとうはなんであったのかよくわかりません。田舎のことでもあり、手ちがいもあったようで、数日で亡くなりました。

つい数日前、一生懸命、洗濯物をとりこんだその縁先から、近所の人達に抱かれて、母に見送られながら「ノーナン」はかえらぬ旅に出ていったのです。

「ノーナン」の亡くなった時、庭には木蓮の花が咲いていました。

「ああ、木蓮が咲いた。」

そういう母のひとりごとを、毎年聞きました。

母にとって木蓮は、悲しい花であったのです。

「ノーナン」の小さい墓は、山裾の松の下にあります。

お花をかえたり、石碑を洗いながら、母は何か口の中でつぶやいていました。

「ノーナン」と二人きりで、二人だけの話をしていたにちがいありません。


母の里の近くに「せんたいさん」という仏様があります。年に一度の縁日には、母は必ずお詣りに行きました。「せんたいさん」というのが、どんな仏様で、母がなぜお詣りするのか、子供の私は知るよしもありませんでしたが、田圃の中の白い道を後をついていったものです。

いうまでもなく「せんたいさん」というのは、千体地蔵尊です。千体のお地蔵さんであったのです。


毎年々々、母は、千体地蔵尊にお詣りしていたわけです。

千体のお地蔵さんの中に、きっと一体の「ノーナン」がいたのでありましょうか。

そういえば、道のほとりのお地蔵さんを、そっとなでる母の姿は、決して、仏様を拝むというような、ことあらたまったものではありませんでした。母の、お地蔵さんをなでる手の中には、ひょっとすると「ノーナン」がいたのかもしれないと思っています。

お地蔵さんを拝んだり、お地蔵さんをなでたりしていた母の胸のいたみは、その頃はわからなかったというのがほんとうでしょう。今にして、母の気持ちを思いはかるのです。

今頃、母はどうしているのでしょうか。今頃どこかで、片手をお地蔵さんにひかれ、片手を「ノーナン」の手をとりながら、楽しそうに歩いているのかもしれないと思ったりしています。

母は、ひかえ目な人でした。人の前に立って、目立つことの嫌いな人でした。もちろん、私にとっては、やさしい母でありましたが、私だけではなく、若い人達や近所の人達にとってもやさしい人であったのだろうと思います。そういう人々から慕われていました。

母はまた忍耐づよい人でした。私の父は、思うことを存分にしとげた人でありましたので、時には苦労もあったようですが、それをかげで支えていたのは母でありました。

お地蔵さんは、ひかえ目で、慈しみ深い仏様です。お姿も決してきらびやかではありません。

道のほとりに立って、ほこりをかぶり雨風にうたれながら、慈しみの眼をもって、人々の、よろこびや悲しみを、じっと見まもっていて下さいます。

母は、そんなお地蔵さんが、性格的にも好きであったのかもしれません。

あるいは、その、ひかえ目で慈しみ深いお地蔵さんを胸にひめて、自分もまた、そのように生きることを願っていたのかもしれないと思っています。

1 お地蔵さんのお経──『地蔵菩薩本願経』について

お地蔵さんのことの書かれたお経はたくさんありますが、特に有名なのが次の三つのお経です。

『大乗大集地蔵十輪経』

『延命地蔵菩薩経』

『地蔵菩薩本願経』

『大乗大集地蔵十輪経』は、十巻・八品よりなり、唐代の最大の翻訳家である玄奘《げんじょう》三蔵の翻訳であります。「品」というのは「章」とでもいってよいと思いますので、十巻、八章からできている大きなお経であります。

『延命地蔵菩薩経』は、一巻の小さなお経で「唐・不空訳」と伝えられていますが、最近の研究では、不空三蔵の翻訳されたものではなく、日本で作られたお経ではないかといわれています。

しかし、お地蔵さんの真の精神を、簡潔に説かれていますので、昔から、さかんに読まれ、註釈もたくさん作られました。

さて、最後が『地蔵菩薩本願経』です。普通『本願経』と呼ばれ、二巻・十三品からできています。「品」の数は『十輪経』より多いのですが、巻数は上・下二巻ですから、全体の大きさからいうと『十輪経』よりは、ずっと短いお経です。短いといっても、やはり十三品もあるのですから、全部、ていねいに読むのにはかなりの時間がかかります。私は、三年前から月に一度ずつ、静岡の厄除地蔵天昌寺で、機会をさずかって、何人かの方々と一緒に『本願経』を、かなりのスピードで読んできましたが、まだ終わりません。それだけの分量があるわけです。

それで、この本では『本願経』にしたがって、お地蔵さんの教えに触れたいと思いますが、全部一字一句のこさず読んでいくことはとうていできませんので、お地蔵さんの教えの大切な所だけ、ほんの一部を抜きだして読みたいと思います。

もちろん、お経に、大切な所と、大切でない所とがあるわけではありませんが、多少内容の重なる所や、くりかえし同じ内容が説かれている所もありますので、そのあたりを勝手に選択して、幾つかのテーマにまとめて読んでいくことにしました。

お地蔵さんには、申し訳ない気もしますが、深広の慈愛の仏様のことですので、しようのない奴だと思われながらも、きっとお赦しいただけるものと信じているのです。

『本願経』は、唐代の実叉難陀《じっしゃなんだ》という方によって翻訳されたといわれています。実叉難陀は唐代の大翻訳家の一人で『華厳経』の翻訳者として有名な学僧です。

お経の翻訳は、なにぶんにも古い時代のことですので、いろいろ疑問や不審な点が、たくさんあり、この『本願経』も、本当に実叉難陀の訳であるのかどうか、学問的には問題もあるようです。一時は、もっとずっと後に翻訳されたものであるとか、中国で作られた偽経であるなどともいわれたことがありますが、近頃の研究では、たとえ、翻訳者が、実叉難陀でなかったとしても、決して新しく作られたものでないことが明らかにされています。

お経の成立については、これまた専門の学問分野からいうと大変難しい問題が、たくさんひそんでいるわけですが『本願経』も、全部がいっせいに完成したものではなく、重要な、幾つかの品がまず成立し、その主旨にそって順次に新しい章が加えられていったのだろうといわれています。

しかし、ここでは、経典の成立などには触れないことに致します。

お地蔵さんの教えは、それらを超えて、永久の真実として生きているのですから、お経の文章そのものに、直接ふれて、その教えをうけたいと思うからです。『本願経』のことに限らずお地蔵さんのいろいろな解説や研究は幾つかの本になって出ておりますので、それを御覧下さい。この本では、『本願経』の経文そのものに説かれているお地蔵さんの教えに触れることを主眼としたいと思います。

ついでに、つけ加えておきますが、お地蔵さんというと、すぐに、賽《さい》の河原の地蔵和讃を思い出される方が多いでありましょう。

一重積んでは父のため
二重積んでは母さまと
三重積んでは古里の
残る兄弟わがためと
紅葉《もみじ》のような手を合わせ
礼拝廻向《らいはいえこう》ぞしおらしや
……………………

とつづく情景は、決して涙なくしては聞かれぬものです。

幼くして亡くなった子供が、賽の河原で、父や母や兄弟を恋い慕いながら、慣れない手つきで一つ一つ石を積みあげていく。そのようやく積みあげた石を、どこからともなく鬼があらわれかたはしからこわしていく。その時、お地蔵さんが、子供達の側に立たれて、子供達をやさしく確りとお守り下さる。

子供を亡くした不幸な親達が、どれだけこの和讃に嗚咽《おえつ》したことでありましょうか。お地蔵さんといえば、まずこの和讃が思い出されるくらい、お地蔵さんと一体になってしまっています。

しかし、この話は、そのままの形でお経の中に出ているわけではありません。この賽の河原の物語は、日本の中世に、作られたもののようであります。お地蔵さんの甚深広大の慈悲を偲んで作られたもので、その深い慈しみの精神を、最も正しくうたいあげたものといえましょう。

お地蔵さんは、不幸な衆生をこそ慈しまれる。そのように『本願経』の中に説かれておりますし『本願経』の最も大切な教えはそこにあるように思われます。

そこで、両親に別れた子供達ぐらい不幸な生命はないのですから、その恵まれぬ子供の側にこそ、なにをおいてもお地蔵さんは立たれるにちがいないのです。親に別れて、ひとりさまよう子供の手を引き、墨染《すみぞめ》の法衣《ころも》で、暖かくじっと守って下さるにちがいありません。

その意味で、この地蔵和讃は『本願経』の精神を最も正しくうたいあげたものといえるのです。

また近頃、あちこちで、水子地蔵というのが話題になっています。

「水子」というのは、元来は「生まれてすぐの子供」という意味のようですから、もともとは、生まれて間もなく亡くなった子供のお地蔵さんということで、その子供の冥福を祈ってお祀りしたものと思われますが、近頃急に話題になっている水子地蔵はそうではなく、人工的に中絶された生命への供養という方に主体が移っているようです。

昔から、生まれて間もなく亡くなる不幸な子供はたくさんありました。また貧しさの犠牲になって命絶える子供も決して少なくありませんでした。そんな時、親達は哀しんで、お地蔵さんをお祀りしたのでした。お地蔵さんは、六道の衆生の不幸を慈しまれる仏様ですから、亡くなった不幸の子のお守りを、ひたすらお願いしたのです。

しかし、親の都合で、勝手に命を絶つことが、こんなにたくさんおこなわれた時代は、おそらく、いまだかつて一度もなかったでありましょう。もちろん、親の都合にもいろいろありますから、一律に無責任にそれをとやかく批判することは許されぬでありましょう。しかし、そこにどんな事情があったとしても、一つの命が、人間の手によって絶たれるということの事実には、人間の都合を超えた厳粛な生命への冒瀆のあることは否定できません。

水子地蔵が、あちこちで、祀られることは哀しいことであるといわなければならぬのです。

もちろん、中絶の生命への供養などというお地蔵さんが、お経の中に出てくるはずはありません。

ただ、広大なお地蔵さんの慈悲に勝手な親の願いを甘えるのみでありましょう。

しかし、願わずしてその不幸な境遇にあうこともありましょう。あわなければならぬこともありましょう。もしその不幸にめぐりあったその時にはただその小さな命への思いを捨ててはならないのだと思います。お地蔵さんは、その不幸な小さな生命をこそかたくお守り下さるでありましょうが、その生命への供養を忘れてはならぬでありましょう。ひたすらお願いするのです。その時のお地蔵さんのお顔は、哀しみでくもっているにちがいありませんが、その不幸な生命をお地蔵さんは、くもったお顔でしっかりと抱いて下さるにちがいありません。

しかし、お地蔵さんにお願いするだけでよいのでありましょうか。

どうも、それだけではいけないように思います。お願いすれば、それで何事もすむものではありません。

それでは、何をしたらよいのでしょうか。

そこで「供養《くよう》」ということばの持つ教えを聞いてみたいと思います。その教えの中に、何をすべきかが、一つ教えられているように思うからです。

「供養」とは、仏様にものをお供えし、おつかえすることですが、次の三つがあるといわれます。

一、飲食、衣服、臥具、薬をさしあげる。

二、敬心をもって、花をお供えする。

三、善き行為を積む。

このお供えする三つのものをみるとわかりますように「供養」とは、もともとの意味は、亡くなった人をお祀りすることではなく、尊敬する仏様へおつかえすることでありました。

おいしいものがあると、ああこれを仏様に食べていただこうと思う。軽い着物をみつけると、これをお釈迦様に着ていただこうと思う。寝心地のよい蒲団が手にはいると、お釈迦様に、これでゆっくりお休みいただこうと思い、痛みの良薬があると聞くと、お釈迦様が、この前、背が痛いとおっしゃっていたから、さっそく手に入れてつけていただこうと思う。それが供養の心であります。そして、この気持ちは、もし私達が、心から尊敬する人を持っておりさえすれば、きわめて自然に、のみこめる供養の気持ちでありましょう。尊敬する気持ちが強ければ、自然に、そういう気持ちが動き、そういう行いが、おのずから出てくるはずです。

そして、その敬い思う心が、思われる人を養うのです。考えてみて下さい。思われるということぐらい幸せなことはありません。『万葉集』などでは、思うということは、恋するという意味をも持っていたようですが、恋するということばより、思うということばの方が、より深く、より広く、より暖かで美しい響きがあるように思います。

人は、人に思われることによって、生きることの真の悦びを知るのではありますまいか。あの人が、思ってくれている……そう思う時に、人は真に生の悦びを感ずるでありましょう。思いは人を養い、思われることによって、人は養われるのです。

その供養の心をもって、亡くなった生命を思う。それが不幸な小さき生命への供養であります。

そして、その小さな生命を守って下さるお地蔵さんへの供養もまた、至心に、お花やお水をお供えすることであります。

お墓に水をかけながら、なにかをつぶやいていた母のあの姿には、母の「ノーナン」を思う至情の世界がありました。

親に別れた子供は、親を供養するのです。

子を失った親は、子を供養するのです。

だがしかし、お水を供えたり、お花をあげたりして供養すれば、それでよいのでありましょうか。

ひどいのになると、お寺になにがしかのお金を寄付して、それで、あとは素知らぬ顔をして、一切がかたづいたように思いこんでいる人さえありますが、本当にそれでよいのでしょうか。

しかし、そうではありません。

供養の第三に、善き行為を積むというのがありましたが、あれを見落してはならぬのです。

たとえばやむをえぬ親の都合で小さい生命を絶つというようなことがあったとしましょう。そんな時その絶たれた生命は、お地蔵さんが守って下さるでありましょう。それはまちがいありません。だがしかし、その生命を絶ったものをまで、無条件に、お地蔵さんがお赦し下さるかどうか、私は疑問に思います。

むろん、親の都合にもいろいろありましょう。すべてが、勝手な、無責任なものばかりとはいえません。もちろんそうです。

しかしです。しかしながら、与えられた生命を中途で絶ったという生命への冒瀆そのものは同じであります。

あとで出てきますが、お経の中で、お地蔵さんは、一毛ほどの善事をも見逃さないで助けようといっておられます。一毛ほどの善事をも見逃さないといっておられることは、一毛、一滴ほどの悪事をも、ちゃんと知っておられるということでありましょう。

いい加減な親の都合まで無条件に赦されるはずのないのは当然のことで、たとえ、どんな都合があったとしても、生命を損したその事実は、そのまま消えさることではありますまい。

そこには、尊厳なるべき生命への冒瀆があり、自分の都合への安易な甘えがあるからです。

何事かの不幸のために子供を亡くした親の悲しみを考えてみれば、自ら絶つことの罪の重さがわかるはずです。

子供への供養、子供を守って下さるお地蔵さんへの供養を、おろそかにしてならないことはもちろんですが、それとともに、己れ自身の生命への供養をも忘れてはならないのです。これが第三の善き行いを積むことであり、あるいは、一番大切なことであるかもしれません。

　己れ自身の生命への供養とは、それこそが善き行いを積むことであります。己れの生命を尊ぶことは、その生命をもって、一毛、一滴の善事を行うこと以外にありません。

　己れ自身への供養を忘れて、なんの水子供養ぞ。

　お経を読みふかめていくにつれて、私はますます、そう信じざるをえないのです。


　もちろん、亡き子の供養に思いを捧げ、お地蔵さんに、お願いして、香華をお供えすることそれ自体が、善き行いであることにまちがいはありません。至心に、敬心をもって、お地蔵さんにお詣りすること以上に、善き行いはないともいえます。本質的な意味においては、それだけでよいし、それ以上の善はないともいえましょう。ただ、そこが非常に難しいのですが、ほんとうにお地蔵さんへの敬心を心の底から持ち、お地蔵さんにおまかせしている人であったならば、毎日の日常生活の中でのさまざまの善事は、自然に、内から溢れる行いとして具わっているにちがいないのです。お地蔵さんを信仰しながら、悪いことをするなどということはありえません。もしあれば、それは、信仰そのものが、狂った信仰だということであります。

　仏への信が決定すれば、身の供養は自然に具わるのです。善き行いの積めぬ供養は、供養もまた嘘であります。

己れ自身の生命への供養のないところには、仏への供養もありません。

一毛、一滴の善事を積み重ねることのないところには、どんな供養も所詮、空華にすぎません。

もし万一小さい生命の絶たれる不遇の境遇にあわれることがあったならば、一毛、一滴の善事を積んで下さい。一毛、一滴の善事を積みながら、亡き生命への思いを至心にして供養をするのです。一毛、一滴の善事によって、供養がほんとうに養われるのであります。

さて、前おきが、ずいぶん長くなりました。前おきは、これくらいにして、いよいよお経の本文に入ろうと思います。

2　もろもろの鬼神等集会《じゅうえ》す

(1)かくのごとくわれ聞けり。

(2)一時、仏、忉利天宮《とうりてんぐう》にいまして、母のために法を説きたもう。

(3)その時に、十方《じっぽう》無量《むりょう》の世界より、不可説《ふかせつ》不可説の一切の諸仏、および、大菩薩摩訶薩《だいぼさつまかさつ》、みなきたって集会す。

娑婆世界《しゃばせかい》、および、他方国土に、無量億《むりょうおく》の天竜《てんりゅう》、鬼神《きじん》あり。また集まりて忉利天宮にいたる。一切の天衆《てんしゅ》、竜衆《りゅうしゅ》、鬼神等、ことごとくきたって集会す。

また、他方の国土、および、娑婆世界の海神《かいじん》、江神《こうじん》、河神《かじん》、樹神《じゅじん》、山神《せんじん》、地神《じじん》、川沢《せんたく》神《じん》、苗稼神《めょうがじん》、昼神《ちゅうじん》、夜神《やじん》、空神《くうじん》、天神《てんじん》、飲食神《おんじきじん》、草木神ありて、かくのごとき等の神、みなきたって集会す。

また、他方国土、および、娑婆世界の諸大鬼王《きおう》あり。いわゆる、悪目鬼《あくもくき》王、噉血《たんけつ》鬼王、噉精気《たんしょうき》鬼王、噉胎卵《たんたいらん》鬼王、行病《ぎょうびょう》鬼王、摂毒《しょうどく》鬼王、慈心《じしん》鬼王、福利《ふくり》鬼王、大愛敬《だいあいきょう》鬼王、

かくのごとき等の鬼王、みなきたって集会す。(忉利天宮神通品第一より)

これが『地蔵菩薩本願経』の最初の一段を抄出したものです。

お釈迦様が、忉利天にいかれて、そこにおられるお母様に、お地蔵様のことをお話しになる。そうすると、あちこちから、仏様や、大菩薩や、山や川の神々や、人に危害を加えるおそろしい鬼たちまでが集まってきて、そのお釈迦様のお話を聞くというのです。

いわば、これからはじまる『地蔵菩薩本願経』のその舞台の幕があがった瞬間です。真中に、お釈迦様がおられる。

それと相対して、お母様が坐っておられるのでありましょう。

そして、そのお二人を囲んで、お釈迦様のお話を聞こうと、多くの仏、菩薩をはじめとした人達が、いまはじまろうとする説法を、かたずをのんで待っています。

胸のときめくような、美しく、すばらしい光景です。

おそらく、そこには清澄なはりつめた空気がみなぎり、暖かな、そうです、お地蔵様をしのばせるような暖かな光が、それをつつんでいたにちがいありません。

静かな澄み切った場面です。

これから、お釈迦様が、お地蔵様の話をはじめられるのですが、その前に、この一段にそれとなく示されている三つの教えをみておきたいと思います。

まずは(1)の「かくのごとくわれ聞けり」

ということです。

これは、ほとんどのお経の最初に出てくることばですが「われ」とは、阿難尊者《あなんそんじゃ》のことであり、阿難尊者が「私は、このように聞いた」といわれているのです。

阿難尊者は、お釈迦様のいとこになられる方ですが、お釈迦様が五十五歳のとき、二十五歳でその弟子になられ、以来二十五年間、いつもお釈迦様のおそばにつかえて、身のまわりのお世話をなさいました。いつもお釈迦様のおそばにつかえておられましたので、お釈迦様のお話を、誰よりも多く聞いておられ、多聞第一《たもんだいいち》阿難尊者と呼びます。

お釈迦様が亡くなられたあとで、その生前のお話をいつまでもつたえようとして弟子達が集まった時、中心になって、かつてのお話を思い出されたのが、この阿難尊者でありました。

ですから、ほとんどのお経のはじめに、阿難尊者の「私は、このように聞いた」ということばがみられるのです。

ところが、この短いことばには、深い大切な教えがひそんでいます。

それは「聞く」ということです。

「聞く」ぐらいのことは、健康な耳さえあれば誰でもしていることで、わざわざとりあげるほどのことではない。ちょっとそう思います。近頃では、補聴器も立派になりましたから、少々、耳が遠いくらいでは、驚かなくなりました。「聞く」ことぐらいには、大体、不自由もしませんし、あらためて、そんなことに教えなどあろうとも思われません。

しかし、そこに二つの問題があるのです。

まず第一は、聞いても、どこまで正しく聞いているかどうかという問題です。

私達が日頃経験することですが自分の話したことが、ずいぶんちがった意味に解釈されていることがあります。ときには、まるっきり逆の意味にうけとられていることもあって、驚いてしまうことさえあります。どれだけ正しく聞きとれているのかわからないのです。

ですから、大切なことは、自分もそんなまちがいをしているかもしれないという反省を忘れてならぬことでしょう。自分のいったことが、正しく理解してもらえぬことがあるように、私自身も、聞いたことを、どれだけ正しく聞いているのか。ひょっとすると、私自身、聞いた話を、自分の都合のよいようにまげて聞いていたり、まるっきり反対の意味に理解していることがあるかもしれないのです。

人のアラはよく目につきますが、自分のことは、わからないものです。他の人が、私のことばを聞きまちがったことに腹を立てるのであるならば、自分自身への聞いたことについての真摯な反省も忘れてはならないでしょう。

私達は、話を聞きおわった時「わかりました」といいます。あまり深くも考えないでなんの気なしによくそういいますが、考えてみると「わかりました」という短いことばの中には、「あなたのおっしゃったことを、私は、自分の都合勝手では聞いておりません。あなたのおっしゃったことばのとおりに、正しく狂いなく聞きとりました。」というきびしさがかくされているわけです。

こんなことを考えてみると私達が、話を聞いた時、それがたとえ日常のなんでもない会話であったとしても、自信をもって「わかりました。」といえることは、大変なことなのです。

まして、それが、複雑な内容の話である場合には、さらに事情がこみいってきましょう。

そして、それが、深い体験から出てくる教えなどであればどうでしょうか。

私に、若い時に大病で死にかかって、奇跡的に生きのびた友達があります。その友達の前で、たまたま死について議論をはじめた時のことですが「死なんてこわくはない」とか「死がきたらあわてずさわがず悠々として俺は死ぬんだ」とか威勢のよいことをわめいていたのを、それまで黙って聞いていた彼が「僕は死はこわいよ」とぽつりといいました。その時、彼の前歴を知っているわれわれは、一瞬、シンと静まりかえってしまったことがあります。そのことばが、重かったのです。しかし、あとで考えてみると、その「死がこわい」ということばの背後にひそむ重い意味を、病気をしたことのない私などどれだけ聞きえたのでしょうか、疑問です。なんらかの形で死に当面したことのない人間には、そのことばの持つ深いおそろしさの意味は理解できぬともいえるのです。

ところで、このことは「聞く」という一見単純明解なことがらの中に「聞こえぬ」という事実のあることを示しているように思われます。「死はこわい」ということばは、一応の意味においてなら、誰にでもわかるでしょう。「死はこわい」ということばも聞こえます。ただ、ことばの深い意味がわからぬだけです。

「聞く」ということにひそむ第二の問題は「聞いても聞こえぬ」ということです。意味がわからないのではないのです。耳に聞えないのです。聞く耳を持たないなどといわれますが、聞く気持ちがなかったり、なんの関心も興味も持たないことは、どんなにすばらしい音がしていても一向に、聞こえないのです。耳にさえもとどかないのです。

お釈迦様の御在世中、近くに住んでいながら、お釈迦様という尊い方が、すぐそばにおられるということさえ知らなかった人がたくさんあったといわれています。その人達も、おそらく、全然、うわさのひとつも聞かなかったということはありますまい。きっと耳に聞こえてはいたはずです。しかし、尊い教えを聞こうとするような気持ちが、全くひとかけらもなかったために、耳の鼓膜は振動していても、ひとことも聞こえなかったのです。

こんなことをあれこれ考えてみるとわかりますように、「聞こえる」ということは、すばらしいことなのです。仏様の教えが聞こえるということは、すでに、私達の胸の中に、仏様の声がとどいたことです。仏様の教えの全てをまちがいなく聞きとることはできないとしても、仏様の声が聞こえたということは、すばらしいことなのです。

「聞く」ということのはたらきの中には、こういう問題もひそんでいるわけです。

阿難尊者は、多くの弟子達の前に立って、きっぱりと「私は、このように聞いた」といわれました。おそらく、それは、ゆっくりと静かに話されたのでしょうが、あたかも、そこに、生前のお釈迦様が、お元気なお姿のままにおいでになるかのような荘厳な響きがあったにちがいありません。

「阿難、高きに登りて『我れ聞く』と称す。九衆悲号す。」と『法華文句』という本に書かれています。私達も、話を聞いた時、どこまで正しく聞きえたか、それをふりかえらなければならぬでありましょう。

今、私達は、幸いにも、お釈迦様の教えを聞くことができています。とにかく聞こえているのです。しかしどこまで、その永遠の真理に私達が参入できるのか。聞く耳の深さがそれを決定します。こわいことです。

あれこれ考えてみながら、この「かくのごとくわれ聞けり。」という、たったこれだけの短いことばに、深くうたれるのです。

「かくのごとくわれ聞けり。」

私達もまた、阿難尊者と同じように、胸をはってそう言いきれるようになりたいものであります。


第二の教えは、お釈迦様が、忉利天にいらっしゃって、お母様のために、法をお説きになったということです。

前にも述べましたように、お母様の摩耶《まや》夫人は、お釈迦様の生後、七日で亡くなられました。お釈迦様は、摩耶夫人の妹さんであるマハーパジャパティという方のもとで成長されます。王子でもあり、お母様がないとはいえ、叔母さんのもとで育てられたのですから、決して不しあわせではありませんでした。しかし、人の子にとって、母のないということは、他のなにものをもってしても代えることのできぬ悲しみであります。お釈迦様も、また人の子でした。年をとられてからも、お母様を恋い慕っておられます。

税所敦子さんの歌に、

み仏も人の子なれば沙羅林に

母をひとめとまちたまいけり

というのがあります。これは、涅槃《ねはん》に入られるときのお釈迦様のお気持ちを詠んだものですが、お母様のもとでくらした幸せな人には、ひょっとするとほんとうにはわからない悲しみの歌であるかもしれません。

お釈迦様は、幸せな方でした。少なくとも成道以後のお釈迦様には、苦悶と呼ぶべきものはありません。しかし、悲しいことは幾つもあったのです。衆生が、めざめることなくさ迷いつづけるのは、なんといっても最大の悲しみであったでありましょう。また、一族の人達が、戦争に敗れて、壊滅していくのを、まのあたり見ざるをえなかったのも言語に絶する悲しみであったでありましょう。あるいは、舎利弗《しゃりほつ》や目連というような大切な弟子達が、さきだっていった時にも、何事にも動じぬあのおだやかなお釈迦様が、深い悲みに沈んでおられます。

そして、八十年の生涯をとおして、じっと胸の底に流れつづけていた最も深いひとつの悲しみというのは、ほかならぬお母様への思慕であったのであります。

お母様は、亡くなられて忉利天にうまれられたといわれています。

忉利天とは、天上の世界です。

われわれ衆生の生きている世界を、六道《ろくどう》といいます。六道とは、地獄《じごく》・餓鬼《がき》・畜生《ちくしょう》・修羅《しゅら》・人間・天上の六つですが、忉利天は最後の天上の一つです。天上は「自在光潔にして神用あり」といわれておりますので、苦労や煩悶がなく光にみちみちた世界であり、われわれ人間の世界より、はるかにすぐれたところのようですが、しかし、ここにも天人五衰などという苦しみがあり、基本的には、他の五道とならんで六道のひとつであるにすぎません。六道輪廻《りんね》の衆生のひとつなのです。お釈迦様は、どうしてもそこにおられるお母様に、真理のお話をされなければならなかったのです。

お釈迦様が、とっくに亡くなられたお母様にお話をされるなどといいますと、巫女のくちよせのような錯覚もおこらないではありません。

しかし、そうではないのです。

お釈迦様が、お母様を思慕される時、思慕されるお母様は、お釈迦様の胸のうちに姿を表わされるのです。

私が母を思慕する時、母は私の前に姿をみせます。私の話をじっと聞いてくれるのです。私達が、一心に仏を思念すれば、そこに仏が姿をお見せくださるのです。思いのないところには、仏様もお姿をお見せ下さいません。

『地蔵菩薩本願経』が、そうしたお母様への思慕からうまれていることを、私は実に、すばらしいと思います。

亡くなった人を、どんなに恋い慕ってみても、そのために、生きかえってくることはありません。しかし、亡くなった人を追慕する時にその人は私とひとつになります。そしてその人は死という人生の深みをへだてながら私達に多くのことを語りかけてくるのです。その時に、私達は、はじめて、自分の人生に、ひとつの厚みを加えることができます。死のない人生は、光にみちているかもしれませんが、それは、平面のかげりのないあかるさにすぎません。厚くないのです。深くないのです。光が、ほんとうに、その美しさを見せるのは、その光の中にかげりをもった時です。

人生が人生として、ほんとうに手ごたえのあるものとして浮かびあがってくるのは、生一色にぬりこめられた時ではなく、生の底に、生を超えたものが、しっかりとうけとめられた時でありましょう。死は生の否定であり、生の裏側です。しかし、その裏側によって、はじめて表の生が、生となるのです。

亡くなった人を思い、死を思うことは、決して、生を暗くとらえることではなく、かえって生を、光り輝くものとして、ありがたくうけとることです。

お地蔵さんは、六道能化《ろくどうのうげ》の菩薩として、六道に浮き沈みする衆生を、地獄であろうと、餓鬼の世界であろうと、どこまでもたずね求めて、力となってくださるのですが、したがって、そこには死の影のみえることもあるのですが、死者を思い、死を思うことによって、かえって、いま、ここにある生をこそ、しかと頂戴すべきことを教えられるのであります。現代は、死の忘却の時代だといわれますが、死者への思いを忘れたところに、真の生はないのです。

『地蔵菩薩本願経』は、いうまでもなくお地蔵さんのことが説かれるお経ですが、そのお経の発端が、お釈迦様の、亡きお母様への思いからはじまるところに、深い意義をみいだします。

さて最後に、この一段には、第三番目として、もうひとつ大切なことが説かれています。それは、お釈迦様の話を聞こうとして、多くの仏様や、菩薩、天人、そして竜衆や鬼神など、様々な神々が、お経には無量億と書かれているように、実にたくさん集まっているということ、しかもその集まった中には、かなりふだんの行いの疑わしいと思われるような鬼王までがやってきているということです。その一人一人の仏様や、竜衆や神々についで詳細にふれることはさしひかえますが、山や川の神々というあたりまではまあわかるとしても、最後に登場する鬼王達は、かなりの悪党ではないかと思われます。

そもそも、鬼神とか、鬼王とかいうのは、もともとはインドの神様で、超人的な能力を持ちながら、どちらかというと悪いことばかりをたくらむもの達です。ここに登場する名前をみると、悪党の中の悪党のようなものばかりです。「悪目《あくもく》鬼王」といえば、おそらく、ギロリとにらまれただけで、背筋の寒くなるような、目つきの鋭い鬼王でありましょう。「噉血《たんけつ》鬼王」といえば、「噉」とは、「食う」「むさぼり食う」という意味ですので、血をむさぼり食う鬼になります。「噉精気《たんしょうき》鬼王」とは、魂を食べる鬼ですし、「噉胎卵《たんたいらん》鬼王」は、これから生まれてくるべき胎児や卵をとって食う鬼であります。「行病《ぎょうびょう》鬼王」とか「摂毒《しょうどく》鬼王」とかは、病や、毒を持つ鬼ですから、よくわかります。ところが「慈心《じしん》鬼王」「福《ふく》利《り》鬼王」「大愛敬《だいあいきょう》鬼王」などになりますと、これはちょっとなぜ悪党なのか、急にはわかりかねる鬼でもあります。

鬼の中には、善いことをする鬼もあるといわれておりますので、あるいは、そうかもしれません。しかし、私には、どうもそうではないように思われます。「慈しみの心」とか「幸福」とか「財産」とか「愛敬がある」とかいうことは、それは、そのままでは少しも悪魔ではありません。むしろ、私達が、そうありたいとこい願っているものばかりです。悪目鬼王や、噉胎卵鬼王などには、来て欲しくないけれど「慈心」とか「福利」とか「大愛敬」などにはやってきて欲しいと思うのが人情です。

しかし、私には、どうも、そこがこわいように思われるのです。やさしい心とか、幸福とか、金銭とかいうものが、人生にとって大切であることはいうまでもありませんが、それらが、なにかのきっかけで、急に悪魔にかわっていくことはないでしょうか。

やさしいことばこそ、ひからびた人生をうるおすものであるのに、まちがいありませんが、かえって、それによって身をもちくずしてしまうことはないでありましょうか。金銭がなければ、たちどころに暮しに困ってしまいます。しかし、金銭がまた同時に、人間を狂わせることもいかに多いことか。愛する女の笑顔は、男に生きる希望を与えるでありましょう。しかし、ただその笑顔をみたいそれだけのために、一国を傾けてしまった愚かな王さえ、かつてはありました。

「慈心」とか「福利」とか「大愛敬」とかいう鬼王達は、ひょっとすると「悪目鬼王」

や「行病鬼王」のように、ひと目で、それとみわけのつく悪魔達よりもっとこわいかもしれないのです。

やさしい顔をしたり、いい顔をした悪魔の方に、はるかに、私はこわいものを感じます。はじめからこわいとわかれば、誰でも用心します。だまされないぞと緊張するのです。ところが、いい顔をしてやってくると、うっかりそれに乗せられてしまうのです。私達の用心を、奪いとっておいて、いつの間にか、私達の内部に浸入し、内側から、くさらせていくのです。お世辞をいつも聞いていると、それを本当だと思いこんでしまい傲慢になってしまいます。

ですから、一見、悪魔とは思えぬ鬼王達の中に、私は、かえって、それとすぐ見分けのつく悪党によりも、もっとおそろしい毒を感ずるのです。

ここに、名前をつらねている鬼達は、そういう意味で、皆、そろって、人間を崩壊させていく悪魔とうけとるのが、私には、一番、ぴったりします。

しかも、この悪魔達のことを、もう一度、よくふりかえってみて下さい。そうすると、それは決して、他人事ではないように思われてくることはないでしょうか。どこかの架空の世界のことではないような気がするのです。

人の心を、財福で釣ろうとしたり、心にもない愛敬をふりまいたりすることは決して悪魔達だけのものではないのではありますまいか。実はわれわれの世界にいかにそれらが多く渦巻いていることでしょうか。

牛や魚の肉を食べ、血をすっていることも、他人事ではありません。

『日本霊異記』という平安朝初期の本には「常に鳥の卵を煮て食いて、現に悪報を得る縁」というのがあり、鳥の卵を、日常、煮て食っていた男が、現世にその悪業の報をうけて、片足首を失うという話が出ていますので、その頃には、鳥の卵を食べることになんらかのいたみがあったようです。今、そんな気持ちは、とっくに忘れはてて、私達は、鶏卵を食べることに、なんの疑問も罪の意識も持っていません。

それどころではなく、胎の中に宿った子供をさえ、たいした理由もなく、時には親の楽しみのために、安易に手術で生命をたっているではありませんか。現代の日本では、もう珍しい現象ではなくなっています。「噉胎卵鬼王」とたいしてかわらないのです。

こんなことを考えてみると「噉血鬼王」や「噉胎卵鬼王」というようなその名を聞くさえ戦慄を覚えるような鬼王達は、実は、われわれ自身であることがわかってきます。

どこか遠い幻の世界の鬼王達が、ほかならぬ自分の姿であるかもしれないのです。

さて、ところで、大切なことは、こういう鬼王達が、お釈迦様の話を聞こうとして、あちこちから、むら雲のごとくに集まってきているということです。

諸仏、菩薩が集まってこられるのは、あたりまえです。

その聖衆にまじって、この鬼王達が坐っているわけです。

想像してみて下さい。

仏様や、菩薩衆の清らかなお姿にまじって、やくざや、不良や、ならずもののような姿態の鬼王達が、ウロウロゾロゾロ、説法を聞こうとして集まっているわけです。

むろん、こうして、説法を聞こうとしてきているのですから、この鬼王達が、昔のままの鬼王であるのか、改心して、美しい心の鬼にうまれかわっているのか、これは問題です。

少なくとも、お釈迦様への思慕がきざしていることだけは確かでありましょう。

説法の場に集まってきているのですから、どこまで「聞こえる」かどうかはわからないとしても、「聞こう」という心がまえを持っていることだけは事実です。

あるいは、生きものの血をすすって生きなければならぬ己れの性《さが》の業報《ごっぽう》を悲しんでいるのかもしれません。

あるいは、胎児の生命を絶ち、卵を食べて生きる罪の深さにおののいているかもしれません。

そうした、己れの現在の果報に、深くめざめているという点では、あるいは、すでに、鬼王ではなくなっているのかもしれません。

そう思うと、かえって、それが、鬼王の姿であるだけに、ひときわ哀れでもあります。


しかし、とにかく、この光景に私がうたれるのは、世のはみだしものや、深い罪を犯したもの達を、お釈迦様は黙って迎えておられることです。その性の拙きが故に、あるいは犯した罪の深きが故に、ここに来てはならぬとおっしゃらないのです。

おそらく、あの穏やかな慈しみの眼をもって、じっと暖かくみ守って下さっているように思います。

それに感動するのです。

もしも、お釈迦様が、お前は性格がひねくれているから来てはならぬ。お前は、こんな罪を犯しているから、ここに入ってはならぬといわれるとしましたらその鬼達はどうしたらよいのでしょうか。

それが許されているのです。

「悪目鬼王」や「噉胎卵鬼王」や「大愛敬鬼王」が、なにひとつとがめられることなく聞法《もんぼう》を許されるのですから、どうやら、私なども、その鬼王達の間にまぎれこんでお釈迦様の話が聞かれるように思われます。

なんというありがたい大きさでしょう。

このスケールの大きい最初の光景は、六道の衆生を、全て包みこもうとされるお地蔵さんの登場に、最もふさわしい舞台といえるのではありますまいか。

3　限りなき行願《ぎようがん》

その時に、釈迦牟尼仏《しやかむにぶつ》、文殊《もんじゆ》菩薩に告げたまわく、

「汝、この一切の諸仏菩薩、および天竜、鬼神、この世界、他の世界、この国土、他の国土より、かくのごとく、今きたって、集会して忉利天《とうり》にいたるものをみるに、汝数《かず》を知るやいなや。」

文殊師利《もんじゆしり》、仏にもうしてもうさく、

「世尊《せそん》よ。もしわが神力《じんりき》をもって千劫《せんこう》に測度《しきたく》すとも、知ることをうることあたわず。」

仏、文殊師利につげたまわく、

「われ、仏眼《ぶつげん》をもってみるすら、なお数を尽《つ》くさず。これは皆これ、地蔵菩薩、久遠劫《くおんこう》よりこのかた、すでに度《ど》したると、まさに度すべきと、いまだ度せざると、すでに成就《じようじゆ》せると、まさに成就すべきと、いまだ成就せざるとなり。」

文殊師利、仏にもうしてもうさく、

「世尊よ。ただ願わくは、世尊、ひろく地蔵菩薩は因地《いんぢ》になんの行《ぎよう》をなし、なんの願《がん》を

立ててか、しかもよく不思議のことを成就せるかを説きたまえ。」
（忉利天宮神通品第一より）

みんなが、かたずをのんで待っているうちに、やがて、時、至って、お釈迦様は、ようやく語りはじめられます。

近くの文殊菩薩に向って、

「文殊菩薩よ、こうして、忉利天に、たくさんの仏や菩薩や、神々や、鬼王達が集まってくれたけれど、その数はどれくらいあるだろう。お前にわかるかね。」

と尋ねられるのです。

文殊菩薩は、あたり一面をみわたしながら、

「世尊よ。とても数えきれるものではありません。私が全力をあげて、何十年、何百年数えつづけてみても、とても、数えきれぬでありましょう。」

と答えられます。

そうすると、お釈迦様は、また文殊菩薩をごらんになりながら、

「私にも、数えられないよ。

実はね、ここにこうして集まっているのは、皆、地蔵菩薩に縁のあるもの達ばかりなの

だよ。

地蔵菩薩が、久遠の昔から、はてしない未来にわたって、済度したり、これから済度しようとしているもの達ばかりなのだよ。」

と、おっしゃるのです。

文殊菩薩にとって、それは驚きでした。

数えきれない数の多さがなんといっても第一の驚きでしたが、それにもまして、その幅の広さが尋常一様ではないからです。無頼漢のようなのまでいるのですから、いったいお地蔵様とは、どんな菩薩なのか、尋ねたくなるのはあたり前です。

そこで、お釈迦様に、

「世尊よ。その地蔵菩薩は、衆生済度のどんな行をなさり、どんな願を立てられて、こんなに多くの縁を結ばれたのでありましょうか。」

と尋ねられます。

これが、この一段です。

実際、お地蔵様ぐらい、われわれの身近な所で、どこででも拝める仏様は他にありません。道のほとりに雨風にうたれながら立っておられる仏様は、まずお地蔵様と思ってまちがいありません。むろん、大きなお堂の奥におられるお地蔵さんもありますが、こんなに、露天に身をさらして、われわれの近くに立っていて下さる仏様は他にはないのです。

われわれの側にいて、われわれに、深い人生への自覚と、慈しみの心とを呼びかけ、愚かな私達をみまもって下さるのです。仏縁をつけてやろうと、風雨の中に、立ちつくしておられるのです。

ここには「行《ぎょう》」と「願《がん》」という大切な教えが説かれていますが「願」については、後の品に、あらためて出てきますので、さしあたって「行」についてだけ教えを聞いておこうと思います。

「行」というと、修行とか、苦行とか、荒行とか、はげしいものばかりを連想します。たしかに、仏道の修行にはきびしいものもあります。いい加減な気持ちでは、とても耐えられぬことのあるのはいうまでもありません。

しかし「行」ということばの中には、もっと広い、人間の真面目な生きかたの全てを包む意味もあります。「行い《おこな》」とか「行為」などといってよいかもしれません。

激しい修行には、人間の限界にいどんでゆく崇高な気高さがあります。その気高い生きかたは、人間にとって、永遠の規範でもありましょう。禅宗の雲水さんが、質素な墨染めの衣に身を包んで、寒中でも素足にわらじをはいて颯々《さっさつ》と街を行く姿に逢うと、ぐうたらな生活を送っている私など、その姿を見ただけで、気高さに目頭が熱くなり、ひそかに合掌をしてみ送ります。

人間も、あんなに清らかに生きることができる。そう思うのです。

そして、ああした気高い生き方を、大切にしなければならぬのだと思います。たとえ、私自身にはまねもできなくても、ああいう気高さを拝む気持ちだけは、失ってはならぬのだと自分にいい聞かせるのです。


ところで、しかし、ではその厳しさのみが、仏様の教えなのでありましょうか。もし、厳しい修行のみが仏様の道であるとするならば、ぐうたらな生活にあけくれている私など、仏様の教えを聞く資格は、全くないことになります。「悪目鬼王」なども、忉利天の法座につらなることは許されぬかもしれません。

しかし「行」にはもっと広い意味があるのです。

それを私は「ありがたい」と思うのですが。私達の全ての「行い」、それもまた「行」であるといわれるのです。


われわれの「行い」は、身体《からだ》の行いと、ことばの行いと、心の行いとに分けられますが、その全体をひっくるめて「行」ともいうわけです。

そして「行」が、もしそういう広い意味を持つとしたならば、「行」ということばがいっそうわれわれに身近なものとなってきましょう。

「行」とは、われわれの、身体とことばと心の行いの全てです。毎日の私の行いの全てです。

「行」がそうであるとするならば、私達の人生とは、「行」の集積以外のなにものでもないことがわかります。

私達が、毎日々々、なにをし、なにを話し、どんなことを胸のうちに思ってくらしているか。それがそのままほかならぬ私達の「行」であり、人生であります。

お地蔵さんが、過去久遠のあいだ、なにをなさり、なにを話しかけられ、どんな慈しみの思いを抱きつづけられてきたか。どうしてこんなに多くの人々との縁を結んでこられたのか。

文殊菩薩の、お釈迦様への問いは、またわれわれ自身の問いでもありますし、またわれわれ自身の「行い」への問いかけでもなければならぬのです。

「お前は、毎日、身体でなにを行い、口になにを語り、心になにを思って暮らしているか。」それを問わなければならぬのです。

4　地蔵のみ名を称えよ

仏、文殊師利に告げたまわく、

(1)「譬《たと》えば、三千大千世界のあらゆる草木、叢林《そうりん》、稲林《とうま》、竹葦《ちくい》、山石を微塵《みじん》として一物一数を一の恒河《ごうが》と作《な》し、一恒河沙《いちごうがしゃ》の一沙《しゃ》を界とし、一界の内の一塵を一劫《こう》とし、一劫の内に積む所の塵数《じんしゅ》を尽《ことごと》く劫となすがごときも、地蔵菩薩の十地《じゅうち》の果位《かい》を証《しょう》してよりこのかたは、千倍上の喩《たとえ》よりも多し。いかにいかんや、声聞《しょうもん》、辟支仏地《びゃくしぶっち》におわせしをや。

(2)文殊師利よ。この菩薩の威神誓願《いじんせいがん》は不可思議なり。もし、未来世に、善男子、善女人ありて、この菩薩の名字《みょうじ》を聞き、あるいは讃歎《さんたん》し、あるいは瞻礼《せんらい》し、あるいは名を称《とな》え、あるいは供養《くよう》し、ないし、形像《ぎょうぞう》を彩《さい》画し、刻鏤《こくる》、塑漆《そしつ》せんに、この人は、まさに、永く悪道に堕せざるべし。」（忉利天宮神通品第一より）

そこで、お釈迦様は、地蔵菩薩の「行」と「願」が無限とも呼ぶべき長さと、不可思議の力をもつことを、文殊菩薩に話される一段です。⑴の段は「行」の無限の長さを説かれるところであり、⑵は、誓願《せいがん》の不思議をお話になった一段です。

「譬えば」という一節が、その長さをたとえでもって説明しておられるところで、これを、一つひとつていねいに説明をすると、かえってわかりにくくなりますので、細かにはいたしませんが、大まかにいいますと、宇宙の星の上にあるものを全てあつめてきて、それを全部、こなごなにくだいてしまい、そのこな微塵《みじん》になった一つひとつを、恒河（ガンジス河）と考えて、そのガンジス河の砂の一粒を、一劫（長い時間の単位）として、それに、いまこなごなにされた数をかけたぐらいの長い間といわれているのです。ガンジス河の砂粒の数だけでも、人間わざではかぞえられるものではありませんのに、そのガンジス河が、これまた想像を絶した数あるのですから、もう、われわれのもつ知識では「数」の中にさえいれられぬもののように思います。お経の中には、よくこうしたたとえを使いながらの説明がでてきますが、「無限」という「数」をこえた「数」を表わそうとしての苦心の結果でありましょう。「無限」とは、すでに人間の「数」の考えを超越していながら、しかも、その有限の数を支えているものであるのかもしれません。

お地蔵さんの過去、未来にわたっての「行」が、そのようにはてしないものであるといわれるのです。

お地蔵さんは永遠であるのです。

永遠だから、今日の私達の前に姿をお見せ下さるのです。

(2)の一段は、誓願の不思議です。「誓願」あるいは「願」についてのお経の話は、なおこのあともつづくのですが、ここにその一つが説かれています。

お釈迦様が、文殊菩薩におっしゃるには、この菩薩の誓願は、不思議なのだといわれるのです。

「不思議」とか「不可思議」というのは、理屈を超えているということです。筋道をたてて話せば、理解できるということではないということです。

では、なぜ、お地蔵さんの誓願が、不思議なのか。それはどんな誓願なのか。

ここで説かれているお地蔵さんの誓願は、

「お地蔵さんの名前を聞いたり、それを讃歎したり、お地蔵さんを仰ぎ礼拝したり、お地蔵さんの名前を称えたり、お花をお供えしたり、お地蔵さんのお姿を、絵に描いたり、石に刻んだりすると、その人は永く悪道におちることはない。」というものです。

これは、ほんとに、不思議としかいいようがありません。

なぜ、お地蔵さんの名前を聞くだけで、悪道におちないのか。

もともと、お釈迦様の教えの根本は、自分の行いの責任は、自分がとらなければならぬ。自分の行いの報いを、転換していくのは、自分の行いによるほかはないというものです。

悪いことをしたら、それは必ず自分にかえってくる。悪いことをしながら、その報いを避けようとしてもできないのです。

これは、実に、きびしい教えだと思いますが、考えてみれば、きびしかろうときびしくなかろうと、人間の真実であることにはまちがいないといわざるをえないでしょう。己れの道は己れが作り、己れが歩くのです。

ところが、お地蔵さんの名前を聞いたり、お地蔵さんの名前を呼んだり、絵に描いたりするだけで、悪道にいくべき、悪い行いの報いが消えるといわれるのです。


それは、ほんとうなのでしょうか。

もし、本当だとするならば、私のような、ろくなこともしないで、ぐうたらな生活を送っている人間には、実にありがたい誓願であります。

私も、好んで悪いことをしようとは思いませんが、自分をふりかえってみると、ずいぶん汚れた生活をしています。それをふりきって、清浄な生活をしようと、何回も何回も思いながら、よくよくふりかえってみると、やっぱり汚れているのです。

そんな私にとって、もしお地蔵さんのお名前を呼び、お地蔵さんを、仰ぎみることによって、なんらかの道が与えられるとするならば、こんなにありがたいことはないではありませんか。

私達が、心からお地蔵さんの名前を呼ぶとき、お地蔵さんは、そっと側に寄っていらっしゃって、私達の汚れた手を引いてくださるのであります。そうお地蔵さんは誓っておられるのです。

そのことは、理屈で説明しつくされることではありません。不思議なのです。しかし仏様への、深い信心を持っておられる方々には、なんの説明も必要なく、仏様に抱かれた、深く力強い悦びがそのままおわかりになるはずです。

つづいて、無限の「行」のひとつとして、お地蔵さんの前生話が話されます。

5

身を投げて母を慕う——地蔵菩薩の前生話

「文殊師利よ。

過去《かこ》不可思議劫《ふかしぎこう》において、世に仏あり。号して、覚華定自在王如来《かつけじょうじざいおうにょらい》といえり。

(その時)ひとりの婆羅門《ばらもん》の女《むすめ》ありき。

その母は、邪を信じて、常に三宝《さんぽう》を軽んぜり。

その時、聖女《しょうにょ》、広く方便《ほうべん》をもうけて母を勧誘《かんゆう》し、正見《しょうけん》を生ぜしむれども、しかも母は、未だ全くは信を生ぜず。

久しからずし命終《みょうじゅう》し、無間地獄《むけんじごく》に堕在す。女は、母の、世に在りしとき因果《いんが》を信ぜざりしを知れば、まさに業《ごう》にしたがって必ず悪趣《あくしゅ》に生ずべきを計《はか》り、ついに、家宅を売って広く香華《こうげ》および、もろもろの供具《くぐ》を求めて、まず仏の塔寺において、大いに供養《くよう》をおこす。

覚華定自在王如来のその形像《ぎょうぞう》、端厳《たんごん》、ことごとく備《そなわ》れるをみる。

時に、女、尊容を瞻礼して、ますます敬仰《きょうぎょう》を生じ、ひそかに自ら念言すらく、

——仏を大覚《だいかく》となつく。一切智《いっさいち》を具《ぐ》したまえり。

もし、仏、在世の時ならんには、わが母の死後を、もしきたって問いたてまつらば、かならず、処所《しよしよ》を知りたまわん――と。

涙をたれ、やや久しゅうして、如来を瞻恋《せんれん》したてまつる。

たちまち空中に声を聞く。

――泣く者、聖女よ。悲哀に至ることなかれ。我、いま汝に母の去処を示さん――と。

女、この声を聞きおわって、身を挙げてみずからうち、支節皆損《しせつみなそん》ず。

左右、扶持して、やや久しゅうして、まさによみがえれり。

しかも、空にもうしていえり。

――願《ねが》わくは、仏、慈愍《じみん》して、すみやかにわが母の生界《しようかい》を説《と》きたまえ。われ今、身心まさに死せんとすること久しからず――と。

時に、如来《によらい》、聖女《しようによ》に告げていいたもう。

――汝、供養《くよう》しおわって、ただ早く舎《いえ》にかえり、端坐《たんざ》してわが名号《みようごう》を思惟《しゆい》せよ。すなわち、まさに母の所生《しよしよう》の去処を知るべし――」（忉利天宮神通品第一より）

お地蔵さんの前生話です。

とおい昔々、お地蔵さんが、一人の娘《むすめ》として姿を表わされていた時のことといわれています。

この『本願経』には、幾つかの前生話がありますが、その一つで、お釈迦様の、お母様を慕われるお気持ちが、一番よくあらわれているものです。

その娘のお母様は、仏・法・僧の三宝を信じることが少なかったのです。その娘は、お母様に、仏様の教えをいろいろてだてを講じて話しました。

娘の話を聞いて、だんだん、お母様は、仏様の教えがわかりはじめるのです。だんだんわかりはじめはするのですが、どうしても最後の信じるということができませんでした。

わかるか、わからないかということは、頭の問題です。理解をする教養や能力があると、筋道の通ったものならわかります。

しかし、信じるということは、頭の問題ではありません。いわば、自分の全存在をかけることを意味します。

「信」というのは「心を澄浄《ちょうじょう》ならしめる」はたらきといい「不信」は「心を穢《けが》す」はたらきであるといわれているのですが、すばらしい定義です。

「信」の場合は、すぐにはピンとわかりかねることもありますが、反対の「不信」のことを考えてみるとかえって「信じる」ということがどんなに心が澄浄であることかよくわかります。たとえば、誰かを信じないという気持ちのことを考えてみるといいのです。誰かを信じなくなる、つまり不信感を持つと、もう、その人のすることは、何事も全て信じられなくなります。することなすこと、全てのことが、誤魔化しにみえてくるのです。信じてくれといいわけをすればするほど、ますます信じられなくなり、不信感がつのるのです。一つの不信が、その他の全てのことを濁らせ、狂わせてしまうのです。「信」はその反対ですから信じるとか、信じないとかいうことが、決して、いい加減なものではないということがわかります。

娘のお母様も、仏様の教えが一応わかりはしたのでしょうが、さらに一歩つっこんで、信じるという段階にまで、気持ちをきめることはできなかったのでありましょう。

そして「信」が成立しない限り、どんなに頭の理解が完璧になされていても、所詮、外側に立つものにほかなりません。

その娘には、そこがわかっていたわけです。

お母さんは、亡くなると、地獄へ行ってしまうということがわかるわけです。

早速、家宅を売って、そのお金で、香や花を買い、仏様にお供えをしました。

ひときわ、お姿の端厳な覚華定自在王如来の前に立って、お姿をふり仰ぎ、胸の中で、つぶやきました。「もし仏様が御在世であったならば、私の母の死後の様子も御存知でありましょうから、うかがうこともできたでありましょうに。」

そうすると、空中から声が聞こえ「それを教えてやろう」とおっしゃるのです。娘の母への至誠をくんで、覚華定自在王如来が答えて下さるのです。

その声を聞いて次の瞬間娘のとった行動が、実に激しい。一瞬どきっとします。「身を挙げてみずからうち、支節皆損ず」とお経にありますが、いったいどうしたのでしょう。「支節皆損ず」といいますので、骨や関節が折れてしまったということでしょう。骨や関節が折れるのですから「身を挙げて」というのは、近くの高い所にでもあがってとびおりたのでありましょうか。そうでもなければ、骨や関節が、そうたやすく折れるものではありません。

「左右、扶持して、やや久しゅうして、まさによみがえれり。」近くの人に助けられ、かかえおこされて、しばらくしてようやく意識を回復するのです。

いったいどうして、こんな常軌を逸した行動をとったのでありましょうか。それはなにを意味しているのでしょうか。

それは、次のことばが答えています。仏様に向って「はやく、母の生界を教えて下さい。われ今、身心、まさに死せんとすること久しからず。」というのです。つまり、その娘は、死のうとしたのです。身を投げて死のうとしたのです。

なぜ、そんなことをしたのか。する必要があったのか。

お母さんの所に、行こうとしたのです。お母さんは、ついさき頃、亡くなったので、そのお母さんの所に行くのには、死ななければならないと思ったのです。

実に激しい行動です。異様なほどに激しい行動です。しかし、そこには、母へのひたすらな思慕の情が感ぜられるではありませんか。

もしも、死後の母の生処が教えてもらえるならば、一刻もまたずに、即刻、母のもとへ行けるようにというのが、その娘の真情でありました。しかもただ、母に会いたいというだけではありません。お母さんが、苦しい世界にあるならば、それを助けに行こうというわけです。会うだけでなく、救おうとするのです。

このけなげな娘の真情は、そのまま、お釈迦様のお母様への強い思慕の情であったのではありますまいか。私には、そう思われてなりません。

抱きかかえられたその娘に対して、仏様は「はやく、家に帰りなさい。帰って仏の名号を思惟しなさい。そうすれば、母の生処がわかるであろう。」と教えられます。

死んで、母のもとに行こうとする娘に向って「生きよ」と諭されるのであります。生きよ、生きて、仏を念ぜよと教えられるのであります。そうすることによって、母にも会え、母をも助けることができると教えられるのです。すばらしい覚華定自在王如来のことばではありませんか。

「――時に女《むすめ》、仏を礼しおわって、すなわち舎《いえ》にかえる。母を憶《おも》うをもっての故に、端坐《たんざ》して、覚華定自在王如来を念《ねん》ず。

一日一夜を経《へ》て、たちまち自身を見るに、一海辺に到れり。

その水、湧沸《ゆふつ》して、諸《もろもろ》悪獣多く、ことごとく、また鉄身なり。海上を飛び走り、東西に馳《は》せ遂《お》う。

諸の男子、女人、百千万数《しゅ》、海中に出没せるを、諸の悪獣、あらそいとって食うを見る。あえて久しく見られず。

女、仏を念ずるの力をもっての故に、自然《じねん》に懼《おそ》るることなし。ひとりの鬼王あり、名づけて無毒という。

稽首《けいしゅ》し、きたりて迎えて聖女《しょうにょ》にもうしていわく、

――菩薩、なんによってかここに来る――

女、鬼王に問うていわく、

――これはこれ、いずこのところぞ――

無毒、答えていう。

――これはこれ、大鉄囲山《だいてっちせん》の西面、第一重海なり――

聖女、問うていわく、

――地獄は、いずこにあるや――

無毒、答えていわく、

――三海の内は、是れ大地獄なり。その数《かず》百千にして、おのおの差別《しゃべつ》あり。苦毒無量《くどくむりょう》なり。――

聖女、問うていわく、

――わが母、死してこのかた、いまだ久しからず。まさに、いずれの趣《しゅ》（住む所）にか至れるや――

鬼王、聖女に問うていう。

――菩薩の母は、在生《ざいしょう》になんの業《ごう》を習えるや。――

聖女、答えていう。

――わが母は、邪見《じゃけん》にして三宝《さんぽう》をそしり、たとえ、しばらくは信ずるも、めぐってまた信ぜず。

死して日、浅しといえども、いまだ生処《しょうじょ》を知らず。――

無毒、問うていわく、

――菩薩の母の姓氏《しょうじ》はいかん――

聖女、答えていわく、

——悦帝利《えっていり》と号す——

無毒、合掌《がっしょう》して、菩薩にうやまいもうしていわく、

「願わくは、聖者《しょうじゃ》よ、本処《ほんじょ》にかえりたまえ。憂憶《うおく》し、悲恋《ひれん》することなかれ。悦帝利罪《えっていりざい》女《にょ》は、天に生じてより以来《このかた》、いま三日を経たり。孝順《こうじゅん》の子の、母のために供《く》を設《もう》け、福を修し、覚華定自在王如来の塔寺に布施《ふせ》しをうくという。

ただ、菩薩の母のみ、地獄を脱することを得るのみにあらず、まさにこの無間《むけん》の罪人《ざいにん》、この日、ことごとく楽をうくることをえ、ともに同じく生じおわるべし。」と。

鬼王、いいおわって合掌《がっしょう》して退《しりぞ》く。

女、尋《つ》いで夢のごとくにしてかえる。

すなわち、覚華定自在王如来の塔像《とうぞう》の前において、弘誓願《ぐせいがん》をたつ。

——願わくは、われ尽未来劫《じんみらいこう》、まさに罪苦《ざいく》ある衆生《しゅじょう》を、広く方便《ほうべん》を設《もう》けて、解脱《げだつ》せしむべし——と。」

仏、文殊師利《もんじゅしり》に告《つ》げたまわく、

「時の鬼王無毒《きおうむどく》は、当今《とうこん》の財首菩薩《ざいしゅぼさつ》これなり。女《むすめ》とは、すなわち、地蔵菩薩、これなり。」（忉利天宮神通品第一より）

さて、そこで女は家にかえり、端坐し、母を憶って仏を念ずるのです。

一昼夜、仏を念じつづけて、ふと気がつくと、どこかの海辺に到っている自分を発見します。

しかし、その海は、ただの海ではありません。海面が沸騰《ふっとう》しています。しかもその中には、無数の男女が浮いたり沈んだりしており、その男女を、鉄の身体の悪獣たちが、あらそって飛びまわりながら、とって食っているのです。

常人では、とても正視できるような光景ではありませんが、その娘は、仏をひたすら念ずる力によって畏怖の思いはわきません。

私達は、自分の思いはかりによって、心配や不安につきまとわれています。いつどうかなるのではないか、誰かになにかいわれるのではないか、そんなことばかり気にして、きょろきょろ生きています。仏様にはそれがありません。

私は、仏像の前に立つ時、いつも、どっしりとした、すずやかなおさまりにうたれます。あそこには不安や畏怖はありません。まことに経典のことばの通りに「懼《おそ》るることなし」であります。仏様が、よく、右手を前につきだして、手のひらを、われわれの方に向けておられますが、あの手のお姿を施無畏印《せむいいん》といい、畏怖のない生きかたを示しておられます。

力強い、堂々とした仏のお姿です。自分の勝手なはからいを捨てて、もっと大きな、悠久なものの中に自分を托す時、われわれもまた「懼るることなし」という世界に触れるのであります。

そのひとつが仏を念ずることでありましょう。「念」とは「明記不忘」といわれます。忘れないことです。胸の中にいつも仏様を忘れぬことです。母親がいつも子供のことを忘れぬように、いつも仏様を忘れぬことが、畏怖なき人生への第一歩でありましょう。

にえたぎる海の中で、無数の男女が波のまにまに浮きあがり沈みこんでいる。それを悪獣がむさぼりくらいついている。

その海岸に、懼るることなく凛然と微動だもしないでたたずむ娘の姿が、シルエットのごとく美しく気高く浮かんでくるではありませんか。

その娘のところに、ひとりの鬼王が近づいてきます。無毒という名の鬼王です。無毒は、ふかぶかと頭をさげて、

「菩薩よ、どうして、こんなところにいらっしゃったのですか。」

と問いかけます。その女を「菩薩よ」と呼びかけています。「菩薩よ」と呼びかけるところに、ひとつの含みがあるのですが、お経は、この品の最後に、たねをあかしていますの

で、私達も、お経にしたがって、そこまではただ鬼王の呼ぶように「菩薩」と呼んでおきましょう。

娘は「菩薩よ」と呼びかけられて、無毒に、「ここはどこですか」と尋ねます。無毒は「第一重海だ」と答えます。

「第一重海」を詳しく説明しますと、古代インドの宇宙観を全部説明しなければならなくなり、大変長くなってしまいますので、省略しますが「地の果ての海」とでも考えておいて頂ければよいかと思います。地球の丸いことを知らなかった古代には、地の果てに、悪魔の海を思いえがいていた民族が、決して少なくありませんでした。

娘は、さらに、地獄はどこにあるのかと聞きます。

無毒は、おそらく、その海を指さしてでありましょう。「海の中は地獄であり、その苦しみは無量である。」と答えます。

娘にとって、聞きたいのは、ほかでもありません、お母さんのその後のようすです。

「母はどこにおられるのか。」

たたみかけるようにして問いつづけたことでありましょう。

鬼王は、あらためて、

「菩薩の母は、在生の時、どのようなことをなさったのですか。」

と問いなおします。

「母は、三宝を信じませんでした。

いまどこにいるのか、それが気がかりなのです。」

「お母さんの名前は、なんとおっしゃるのですか。」

「悦帝利《えっていり》といいます。」

そこまで聞くと、もう無毒鬼王には、全てが、わかったのでありましょう。合掌して、うやうやしく、こうお答えします。

「聖者よ、どうぞ、御心配なくおかえり下さい。

悦帝利という罪深い女は、ここに来て三日たちますが、孝行な子が、その母のために仏様を供養した功徳によって、自ら地獄を脱することができたのみではなく、無間地獄の罪人も、その日、ことごとく救われることができました。」

そういい終ると、鬼王は合掌して去っていきました。

どれくらい時間がたったのでしょうか、娘はふと気がつくと、いつの間にか、もとの家にかえっているのであります。

娘は、ただちに、覚華定自在王如来《かくけじょうじざいおうにょらい》の塔前において、誓願を立てます。

「尽未来劫《じんみらいこう》、いつの世にあっても、罪苦の衆生《しゅじょう》を、さまざまの方便《ほうべん》を設けて解脱《げだつ》させるでありましょう。」

話が長くなりましたが、こういうお話を、お釈迦様が、文殊菩薩にお話しになったわけであります。

そして、ここで、お釈迦様は、ひといきついて、文殊菩薩に、この長い話のしめくくりをなさいます。

「文殊菩薩よ。その時の無毒鬼王は、現在の財首菩薩であり、そして、その孝行な女こそ、地蔵菩薩なのだよ。」

その娘は、それこそが、ある日のお地蔵さんであったのです。

鬼王が、その娘を、菩薩とか、聖女とか、聖者と呼んでいたわけが、ここではじめてはっきりしたわけです。しかも、その無毒鬼王もまた菩薩のひとりであったのです。

この話は、お地蔵さんの前生話として話されたものです。お地蔵さんが、前生においてお母様を助けておられるということでありますが、前にも申し上げましたように、お釈迦様御自身の、お母様への思慕追憶の切なる気持ちの表われでありましょう。

6 仏を瞻仰《せんごう》して、目、しばらくも捨てず

(1)その時に、百千万億不可思、不可議、不可量、不可説、無量阿僧祇《むりょうあそうぎ》世界のあらゆる地《ぢ》獄処《ごくしょ》の分身《ぶんしん》の地蔵菩薩、ともに来たり集まりて、忉利天《とうりてん》宮にあり。

(2)如来の神力《じんりき》をもってのゆえに、各々の方面を以て諸《もろもろ》の解脱をえて、業道《ごうどう》よりいずる者とともなりき。また、各々千万億那由他《なゆた》の数あり。

ともに香華《こうげ》を持《じ》して、きたって仏を供養《くよう》したてまつる。

かの諸の同じくきたれる等の輩は、皆、地蔵菩薩の教化《きょうけ》によりて、ながく阿耨多羅三《あのくたらさん》藐三菩提《みゃくさんぼだい》を退転《たいてん》せず。

この諸の衆等、久遠劫《くおんこう》よりこのかた、生死《しょうじ》に流浪《るろう》し、六道に苦をうけて、しばらくも休息《くそく》すること無し。

地蔵菩薩の、広大の慈悲と深き誓願《せいがん》とをもっての故に、おのおの証果《しょうか》をえて、すでに忉利に至り、心に踊躍《ゆやく》を懐《いだ》き、如来を瞻仰して、目、しばらくも捨てず。

（分身集会品第二より）

お経は、ここで、章がかわり「分身集会品《ぶんしんしゅうえほん》」となるのですが、ここに至って、非常に感動的な光景が展開します。

感動的な光景というのは、ここに至って、ようやくはじめて、このお経のたて役者である地蔵菩薩が、姿を表わされるからです。

そう申し上げると、オヤッと思われるかもしれません。お地蔵さんの名前は、もうここまでに、くりかえしくりかえし出てきましたので、とっくに登場しておられるように思っていらっしゃいませんか。ところが実は、まだ姿をお見せになってはいないのです。もう一度、最初の光景を思い出して下さい。

忉利天で、お釈迦様が、お母様のために、お地蔵さんの話をされようとなさいますと、それを聞こうとして、多くの仏様や菩薩衆や、さまざまの神々や、鬼王達が集まってきました。そこで、お釈迦様は、文殊菩薩に向って、お地蔵さんの前生の話をはじめられた。そのお話で、ここまでつづいたわけです。

多くの諸仏・諸菩薩の中に、当の、主人公である地蔵菩薩は、まだ、どこにも姿を見せてはおられませんでした。

そして、ここに至って、はじめて、地蔵菩薩のお姿が、説かれるのです。千両役者の登場です。

お経の文章を、(1)(2)の二段に区切っていきましょう。

(1)の段で、説かれているのは、無数のお地蔵さんが、忉利天にやって来られたということです。

はじめの「不可思、不可議」とは、われわれの頭では、思議することができないということであり「不可量、不可説」とは、計算をして、それがいくつあったと言い表わすことが出来ないということです。つまり、われわれの数の知識でもって、一つ二つと数え切ることができないということです。

「無量阿僧祇《あそうぎ》」とは「無量」は「量りきれない」こと「阿僧祇」は、インドの「アサンクチャ」ということばで、10の59乗を表わす数の単位だといわれますが、億は、10の9乗、兆は、10の13乗ですから、10の59乗という単位が、いかに気の遠くなるような膨大な数の単位であるかがわかりましょう。ですから、中国の学僧達は「阿僧祇」というインドのことばを「無数」と訳してしまいました。10の59乗などといっているのより思い切って「無数」といいきってしまう方がかえってよくわかるわけです。

次にこの一段での大切なもう一つのことばは、「分身」ですが、これは、仏様が、衆生を済度するために、いろいろに姿をかえて身を顕わされることをいいます。

そこで「不可思、不可議、不可量、不可説、無量阿僧祇世界の分身の地蔵菩薩」というと、数えきれぬ多くの姿を顕わされたお地蔵さんということになり、しかも、姿を、顕わしておられたのが、地獄だというのですから、数えきれぬ多くの地獄に姿を顕わしておられたお地蔵さんということになります。

あとで、出てきますが、地獄にはたくさんの種類があります。

しかし、地獄を、前にみましたように、もしわれわれの住んでいる現実の世界のものと致しますと、これはもうまことに無量無数であるといわざるをえません。お互いに憎しみあい恨みあい、闘いあって一刻として安らかでない、現実の世界こそがどうも地獄のように思われますし、もしそうであるならば地獄無限でありましょうし、その地獄の中にこそ、お地蔵さんの出現を願わざるをえないことになります。

ところで「分身《ぶんしん》」ということとは、これだけではまだ充分にわかったとはいえません。「分身」とは、「身を分かつ」、あるいは、「分かれた身体」ということでしょうが、いったいこれはどんなことでしょうか。一つの身体を、バラバラにすることでないことだけは確かです。もし、一つの身体をバラバラに分かつのであるならば、分けられた身体は死体の一部でしかありません。「分身」とはそんなことでないことはすぐわかります。

数限りない多くの分身のお地蔵さんは、その一つひとつが、完全なお姿で衆生を済度されるのです。「分身」とは、いったいなんでしょうか。あらためて考えてみなければなりません。

この「分身」ということを真にわかるためには、次の(2)の段の最初の「如来《にょらい》の神力《じんりき》をもってのゆえに」という一句と重ねあわせてみる必要があります。

如来の神力と分身です。

「分身」のお地蔵さんは、六道の中にさまざまの姿を顕われされたお地蔵さんです。あるお地蔵さんは、石で刻まれています。あるお地蔵さんは、楠の大木で作られているかもしれません。染物屋さんが、美しい紺地に、まっ白に染めあげたお地蔵さんもあります。子供が、画用紙にクレヨンで描いたお地蔵さんも、まごうかたなき分身のお地蔵さんです。

描かれたり彫られたりしているという点だけを見れば、それは、彫刻や、絵画にすぎません。一つの美の造型以上のなにものでもないといえるかもしれないのです。しかし、お地蔵さんは、何かをわれわれに語りかけてこられます。決して美の造型のみではないのです。

美しいお地蔵さんの前に立った時に、私達は、しらずしらずのうちに美以上の何かを、感得するではありませんか。

それが如来の神力です。

一つひとつの小さな姿のお地蔵さんは、実は、その小さな姿の中に、無限悠久の仏様を宿しておられるのです。

無限悠久の仏様は、個々の一つひとつのお地蔵さんの姿として、そこに無限悠久の世界を示現しておられるのです。

絵や彫刻のお地蔵さんは、有限なお姿でしかありません。

その有限の中に無限が顕われ、無限はその有限の中に姿なき姿を表わしておられるのです。

有限は、それをどれだけ積み重ねてみても無限であることはできません。10を59乗してもたとえそれが、気の遠くなるような数ではあっても、所詮有限の地平を一歩もでるものでありません。

無限とは、有限の延長ではありますまい。10の59乗は有限で、10の100乗は無限だとはいえないのです。

無限は、有限とは、全く異次元のものといわざるをえません。

しかし、だからこそ、有限な一つひとつの姿の中に宿ることができるのです。

ちょうど、月が、地球から、遠く離れて空中に存在しているものであるから、だからこそ、地上の水には、どんな水にも同じ姿を映すのと同じでありましょう。

悠久無限の如来が、有限の世界にお地蔵さんとして姿を示現される。それが分身です。

有限の世界に生き、有限の思議を持ち、有限の眼をしか与えられていない私達には、そのままでは悠久無限の仏様のお姿をみることはできません。有限な仏様を通してのみ無限の仏様に触れることが許されているのです。

木や石のお地蔵さんは、有限なものです。しかし、それは、無限の顕われです。

有限の世界にいる私達は、有限なお姿を通してそれによってのみ、はじめて、無限の仏様に触れることができているのです。

無限の仏様は、無限であるがゆえに、有限な一つのお地蔵さんに、その真の姿を顕わされます。

分身のお地蔵さんは、有限の世界に身を落された仏様でありますが、それがそのまま無限悠久の真の仏様です。

新聞の片すみの、カットに小さく印刷されたお地蔵さんであっても、ちゃんとなにかを語っておられます。「ああかわいいお地蔵さん！」と思っただけでも、人々の胸の中に、やさしい心を呼びおこして下さっているのです。説法しておられるのです。

私達が、お地蔵さんの前に立つ時に、知らぬ間に、いつの間にか、久遠の慈悲の中に抱かれているのを知るであリましょう。

昔から、多くの人々が、多くのお地蔵さんを作りました。子供を失った親が、無名の石工が、まごころをこめて、お地蔵さんを作り、道のほとりに建てました。

多くの人々に、お地蔵さんの縁が拡がっていったのです。

お地蔵さんを作った人達は、お地蔵さんの慈悲にひかれて、お地蔵さんを作ったでありましょう。お地蔵さんを作ることによって、お地蔵さんの慈悲の中に抱かれていったのでありましょう。一鎚々々のその当の営為の中でお地蔵さんの慈悲にふれたはずです。

お地蔵さんを作ることの尊さです。

お地蔵さんを彫ったり描いたりするそのいとなみの中で、お地蔵さんに触れるのです。

作られたお地蔵さんは、道のほとりに立って、また次の人達への縁を拡げられるのであります。

あるいは、お地蔵さんの慈悲を、自らの信条として生きた人も沢山ありますが、その人達の生涯は、それがそのままお地蔵さんの大きな慈悲の中の生涯でありました。

自利と利他との二つは、あたかも水と油のような、別々のものではありません。

人の為に働いても（利他）自分にはなんの得にもならないと思うことがないでもありません が、どうもそうではありません。

お地蔵さんの慈悲を、信条として、他のために働いている時にも、知らず知らず、自分も、その利他の行為の中で救われているのです。

自分のしたささやかなことで他の人が幸せを感じたり、よろこんでくれたりするとしたら、それ以上の報いが、どこにありましょう。

利他行が、そのまま自利行であるのです。

利他も自利もないのです。

お地蔵さんの慈悲にまねかれ、お地蔵さんの慈悲を自らの信条として生きる人々は、それだけで、お地蔵さんの慈悲の中に、すっぽりと包まれて幸であるにちがいありませんし、知らず知らずお地蔵さんの縁を拡げるうれしい生涯でもあるにちがいありません。

無限悠久の仏様が、限りある生命の人に呼びかけられ、有限の姿となられる。

有限の人間は、無限悠久の仏に呼びかけられて限りある姿を刻み、その有限のお姿によって無限の仏にふれる。

無限と有限、如来と地蔵菩薩、お地蔵さんとお釈迦さん、等々の果てしなく深いつながりを、私はそこにみることができるように思います。

「感応道交」ということばがありますが、そうした深淵な宗教の世界をいうのでありましょう。

話は大部、まわり道をしてしまいましたが、無量の分身のお地蔵さんが、ようやく、姿をみせられました。主人公の登場です。

しかもその登場が、とてもにぎやかで、すてきなのです。

なぜにぎやかなのかといいますと、お経に「各々の方面を以て、諸《もろもろ》の解脱《げだつ》をえて、業道《ごうどう》よりいずる者とともなりき。」とあるからです。

つまり、お地蔵さんは、ひとりで、忉利天にいらっしゃったのではないのです。六道にさまよっていた多くの衆生の、お地蔵さんに助けられたもの達にとりかこまれて姿を顕わされるのです。しかも、その数は「千万億那由他」といわれています。「那由他《なゆた》」とは前に出た「阿僧祇」と同じように、インドの数の単位ですが「阿僧祇」のように10の59乗というようなはっきりした説はなく「無量大数」などといわれていますので、またまた無数の衆生といってよいでありましょう。

他の諸仏、菩薩は、どうして来られたのかお経にも詳しく書かれてはいませんが、描写の様子から想像すると、どうやらせいぜい数人の侍者をつれておられる程度のようで、多くの、しかも、地獄や餓鬼などという無気味な姿の衆生にまでとりかこまれた諸仏、菩薩はどうも他にはあまりないように思われます。

ここまで書いてきて、ハッと気のついたことですが、もし、そこに、奇妙な連中にとりかこまかれた仏様が、その場に他にあるとしたら、なんと、それは、最初から、真中に坐っておられるお釈迦様その人ではないかということです。前にもみたように、変てこな鬼王達が、お釈迦様をとりかこんでいました。

そうすると地獄や餓鬼の衆生にとりかこまれたお地蔵さんは、鬼王にとりかこまれたお釈迦様の縮図以外のなにものでもないことになります。

お地蔵さんは仏様と同じように、多くの衆生にかこまれて坐られます。しかし、諸仏、諸菩薩や鬼王達が、お釈迦様のおそばに、われさきにと集まっているのに対して、お地蔵さんは、そのうしろの方に、坐っておられるのです。

人前に目立とうとしないそのひかえめなお地蔵さんの登場に私はうたれます。

しかもそのお地蔵さんは、一人ではありません。無量無数のお地蔵さんが、無量無数の衆生にかこまれて、うしろの方にひかえておられるのです。

実に規模の大きい、暖かな情景が眼に浮かんでくるではありませんか。

この光景を頭にえがきながら、私は、私の先生であった小川弘貫先生のことを思い出します。

先生も、人の前に立って、はでに立ちまわったり、自分を顕示することがきらいな方でした。

短大の学長をなさっていましたので、役目がら、そうばかりもいってはおれなかったのですが、他の所で役目のない時には、いつも、目立たぬ所に、黙って静かに坐っておられました。そうしておられても、ひときわ立派なお姿でしたから、誰かが見つけ、あわてて、前の席に案内しようとするのですが、そういう気くばりに恐縮されながらも、ていねいにことわって目立たぬ所に小さくなるようにして坐っておられたものでした。

自分の座席がないからとか、席順が気にくわないからとかいって、不機嫌になったり、座席を変えさせたりする人に逢うごとに、私は、小川先生の、大きな美しい姿を思いだすのです。

そして、それは、そのままお地蔵さんのこの登場の姿でもあるように思われます。


ところで「各々の方面を以て諸の解脱をえて業道よりいずる者」という一句の中に、もう一つ、私は、仏教のすばらしい教えを発見します。

それは「各々の方面を以て」というところです。

六道に輪廻する衆生は無数にあります。

しかも「この諸の衆生、久遠劫《くおんこう》よりこのかた、生死《しょうじ》に流浪《るろう》し、六道に苦をうけて、しばらくも休息《くそく》することなし」といわれている通りに、その一人ひとりが六道の中に愚かな迷いをくりかえしている衆生にほかなりません。

しかも、それは他人事ではないのです。

他人事ではありませんで、私自身が六道の中に、愛憎是非の浮き沈みをつづけている衆生の一人にほかなりません。

その私が、仏の慈悲にあずかるのが「各々の方面をもって」であるということは、それぞれの生涯の、そのままの中で仏にふれることができるといわれていることです。地獄の衆生は、地獄のままでお地蔵さんに逢うのです。餓鬼は、餓鬼のままで、そのままで救われるのです。

私が、何かに成り変わってお地蔵さんの救いにあずかるのではありません。私は、私のままに救われるのです。もしなにかに変わらなければ、お地蔵さんに逢えぬと致しますならば、変われる人はよいとしても、変われぬ人は、ついに逢えないことになってしまいます。

人は、それぞれ、与えられた生命を生きてゆかなければなりません。ある人は、能力にも、性格にも恵まれて生きるでありましょうが、ある人は、恵まれぬ生命を生きることもあります。自分で自分の性《さが》に泣きながら、しかもそれから逃れることができないで、それを背負って生きなければならぬことがどんなに多いでしょうか。

なぜ私は、こんなに欲深いのだろう。なぜ私は、こんなにおこりっぽいのだろう。

なぜこんなに、愚痴っぽいのだろう。

そう自分をかなしみながら、どうにもならないのが、私達のいつわらざる姿ではありますまいか。

それが「各々の方面を以って」生きていることです。

そして、その「各々の方面を以って、解脱《げだつ》をえ」るのです。

欲深いものは、欲深いままに、愚痴っぽいものは、愚痴っぽいままに、嫉み深いものは嫉み深いままに、「各々の方面」のままにお地蔵さんの大悲に相逢うことが許されるのです。


このことを思う度に、私は、お地蔵さんの大悲の深さを、ありがたく感じます。

仏教の大きさを、しみじみと感じます。


奈良の興福寺に、三面六臂《さんめんろっぴ》の阿修羅《あしゅら》のすばらしい像があります。

私はあの前に立つ度に、しばらくは身動きもできず、ジッと手を合わせて立ちすくんでしまいます。

阿修羅は、六道の衆生の一つで、闘争を表わしています。だから、六本の手が必要なのです。三面で、前後左右に気を配り、六本の腕を思う存分、振りまわして、けんかをする、それが三面六臂の姿です。

ところが、興福寺の阿修羅像は、なんというひたむきな表情をしていることでしょう。二本の腕は、これもまたひたむきな一途な、合掌をしています。どうしてこれが、闘争の衆生なのかと疑うほどです。

阿修羅は、己れの性《さが》をかなしんでいるのです。争いたくない。争うことの罪深さをいたいほど知っているのです。その、阿修羅は、しかも、争いつづけなければならぬ己れの性をかなしんでいるのです。

正面の、おとめのような面の眼は、遠くを、ひたむきにみつめています。憧れるような眼です。きっとあの視線の遠くの果てには、仏様が柔和なお姿で立っておられるにちがいありません。阿修羅もそうなりたい。仏様のように争いを超えて、雪国の大地を照らす春の光のようにおだやかに、暖かく生きたいのです。生きたいけれども、そうなれない。後の一面は唇をかんでくやしそうな表情をしていますが、そうなりたいと願いながらそうなりえない自分へのくやしさでありましょうか。

阿修羅よ、あわれな阿修羅よ。争を捨てようとして、捨てえず争の中に嘆き悲しむ阿修羅よ。

それでよいのです。そのお前の与えられた性の中で、そのひたすらな眼と合掌を失わぬ限り、仏の大悲は、お前を、もうとっくの昔から、大きく暖かく包んでいて下さるのです。阿修羅の前に立つごとに、私はそう話しかけてきます。

そしてそれはまた、私自身への呼びかけでもあるのです。

阿修羅は、阿修羅のままで解脱をうるのです。「各々の方面を以て解脱《げだつ》をえて、業道《ごうどう》よりいずる」のです。

仏の大悲の広大無辺を、ただただ、ありがたいと思わざるをえません。

「六道能化《ろくどうのうげ》」のお地蔵さんは、六道に姿を顕わされます。地獄は地獄のままで、阿修羅は阿修羅のままで、お地蔵さんは手をさしのべられるのであります。

お地蔵さんは、右手に錫杖《しゃくじょう》を持ち、左の掌に、如意宝珠《にょいほうじゅ》をのせておられます。地蔵さんの普通のお姿です。右手の錫杖は、衆生のさまよう所ならば、どこまでも出かけていこうとされるお地蔵さんの心を表わしたものであります。お経によると地獄や、餓鬼道には、嶮しい岩山がたくさんあると書かれておりますが、そんな嶮しい岩山でさまよう愚かな衆生を導くために、あの錫杖を手ばなされぬのです。

如意宝珠は、思いのままになんでも自由にうみ出すことのできる珠ですが「各々の方面をもって、解脱をえ」しめようとされるお地蔵さんの大悲を、これまた象徴するものであります。

杖をついて、どこまでも出かけられ、そのものそのもののためにいろいろな工夫をされながら、そのまま助けようとされるお姿、それが錫杖をつき、宝珠を手にされたお地蔵さんのお姿でありましょう。

さて、お経では、その無量無数の六道の衆生が、一人一人、香や花をもって、仏様におそなえをします。

己れの分に応じたお花や香を供養するのでありましょう。お地蔵さんのおかげで、六道の苦を脱し、お地蔵さんのおかげで、忉利天にやってきました。

その無数の衆生の姿を、お経は「心に踊躍《ゆやく》を抱き、如来を瞻仰《せんごう》して、目、しばらくも捨てず」と描いていますが、その通りに、彼らは心におどりあがるようなよろこびを抱き、今、相逢うことをえた仏様をただひたすらにふり仰いでいます。輝きにみちたそのまなざしが見えるようではありませんか。

「如来を瞻仰して、目、しばらくも捨てず。」

興福寺の阿修羅像のあのひたむきな表情は、ひょっとすると、こんな時の姿をとらえたものかもしれません。

7

衆生をして、永く諸苦を離れしめよ——地蔵への付嘱

その時に、世尊、金色《こんじき》のうでをのべて、百千万億、不可思、不可議、不可量、不可説、無量阿僧祇《あそうぎ》の、もろもろの分身の地蔵菩薩の頂《いただき》を摩《ま》して、しかもこの言をなしたもう。

「われ、五濁悪世《ごじょくあくせ》において、かくの如き、剛彊《ごうごう》の衆生を教化《きょうけ》し、心を調伏《ちょうぶく》し、邪を捨て、正に帰せしむるに、十に、一、二なお、悪習のあるものあり。われもまた身を千百億に分って、広く、方便《ほうべん》を設《もお》く。あるいは、利根《りこん》なるものあらば聞いてすなわち信受し、あるいは、善果あるものは、すすめて成就《じょうじゅ》せしむ。

あるいは暗鈍《あんどん》のものあらば、久しく化《け》して、まさに帰せしめ、あるいは、業重《ごうじゅう》のもの、敬仰《きょうぎょう》を生ぜざるかくの如き等の輩の衆生あらば、おのおの差別《しゃべつ》あるを、身を分って度脱《どだつ》す。

あるいは、男子の身を現じ、あるいは女人の身を現じ、あるいは天竜の身を現じ、あるいは神鬼の身を現じ、あるいは、山林、川源、河池、泉井を現じ、利、人におよぼして、悉く皆度脱す。

あるいは、天帝の身を現じ、あるいは梵《ぼん》王の身を現じ、あるいは転輪《てんりん》王の身を現じ、あるいは居士《こじ》の身を現じ、あるいは国王の身を現じ、あるいは宰輔《さいほ》の身を現じ、あるいは官属《かんぞく》の身を現じ、あるいは比丘《びく》、比丘尼《びくに》、優婆塞《うばそく》、優婆夷《うばい》の身、ないし声聞《しょうもん》、羅《ら》漢《かん》、辟支仏《びゃくしぶつ》、菩薩等の身を現じてもって化度《けど》す。

ただ、仏身、ひとりその前に現ずるのみにあらず、汝、わが累劫勤苦《るいこうごんく》して、かくのごとき等の難化剛強《なんけごうごう》の罪苦の衆生を度脱することを観よ。

そのいまだ調伏せざる者ありて、業報《ごっぽう》の応にしたがって、もしくは、悪趣《あくしゅ》に堕《だ》して大苦をうけん時、汝、まさに憶念《おくねん》すべし。われ、忉利天宮にありて、殷勤《おんごん》に付嘱せしことを。

娑婆《しゃば》世界をして、弥勒《みろく》の出世に至るまでこのかたの衆生をして、ことごとく解脱し、永く諸苦を離れ、仏の授記《じゅき》に遇《あ》わしめよ。」(分身集会品第二より)

さて、多くの衆生にとりまかれて、ひかえ目にうしろに立たれるお地蔵さんに向って、お釈迦様が、はじめて、ことばをかけられる一段であります。しかもそのことばたるや、仏滅後の付嘱であります。お地蔵さんに、自分の亡くなられたあとのことを頼まれるわけです。次の一段とともに、『地蔵菩薩本願経』の、クライマックスともいうべき所です。

じっと、お経を読みかえしてみて下さい。ここに語られているお釈迦様のことばには、三つの内容が述べられているように思います。

一つは、五濁悪世の衆生の悪い習慣の深さであります。「難化剛強の罪苦の衆生」などということばに、実によく、それが表われています。人間の悪習の深さです。「五濁」とは、最初の一段にも出ていましたのにそこでは、何も触れないできてしまったのでしたが、ここでは、どうしても、素通りできないことばです。お釈迦様のことばの大切な一つの柱だからです。

「五濁」とは、⑴命濁《みょうじょく》、⑵劫濁《こうじょく》、⑶煩悩濁《ぼんのうじょく》、⑷見濁《けんじょく》、⑸有情濁《うじょうじょく》の五つの濁りをいいます。命濁は、生命が濁れて、短命になること。⑵劫濁は、劫が長い時間の単位ですので、時代の汚れとでもいうことになりましょうか。

『倶舎論《くしゃろん》』という本には、この二つの条件で、寿命が衰え、社界環境が、毀損されると書かれています。

⑶煩悩濁は、人間のあさましい煩悩がさかんになることであり、⑷見濁は、思想とか、考え方などが、自分勝手に傾いていくことです。⑸の有情濁は、生き物（有情）が不幸な状態にあることです。

『倶舎論』には、中の二つ、つまり煩悩濁と見濁とによって、人の世に善きことが衰え、人々は得手勝手な欲楽にふけるようになるといわれ、(5)の有情濁によって、自分自身の、健康や、健全な精神が、壊わされていくと説かれています。

つまり、五濁とは、人も世も濁りはてていることです。一人ひとりの人間の精神も崩壊し、時代も狂っていることです。

いや、狂うとか、崩れるとかいうのより、濁るという表現の方が、もっと深いおそろしさを感じさせます。なにがどう狂っているのか、それとさだかにはわからぬけれど、とにかくどこがどうともなく濁っているのです。

お経の中には、この濁といういい方に似た表現に、染《ぜん》汚とか、雑染《ぞうぜん》などということばが使われていますが、染まっているとか、汚れているとか、いずれも実に深い人間の把握と思います。

「悪いことをしているだろう」といわれれば、いや、悪いことはしていないと、自信をもって答えられる私達であっても「それでは、お前はきれいかね」と聞きかえされると、「はい私はきれいです」と、はっきり答えられる自信がどれだけあるでありましょうか。

それが、われわれの世界の構造のように思います。人の命は、短かくなっているとはいえません。年々、平均寿命は伸びています。しかし、ほんとに、誰もがそれを、素直によろこべるのか。

平均寿命が伸びている一方では、空気が濁り、公害病とか、薬物の被害とかで、人間が倒れ、母乳さえも汚染しているとさえいわれているではありませんか。人間に、それが、はっきりした形で表われてきているのかどうか、いまはよくわからないのかもしれませんが、植物や昆虫や、小さな動物達に、奇形がふえていることは五濁の世の縮図かもしれません。

濁っているのです。汚れているのです。

古い古いお経を読みながら、それがあまりにも現代を語ることの鋭いのに驚かざるをえません。

もちろん、お釈迦様の時代に、公害などということはなかった筈ですが、しかも、時代の濁りや、生命の濁りをお釈迦様は歎いておられるわけですから、人間の濁りというものが、いかに永遠の課題であるかということもよくわかります。

人間は、昔も今も、同じような濁りや汚れを積みかさねながら、決して聡明ではない歴史をたどっているのかもしれません。

「難化剛強の罪苦の衆生」などというお経のことばが、実に重々しく響いてくるではありませんか。

この一段のお経にのべられている第二の問題は、その難化の衆生を、お釈迦様が、いろいろ、心をくばり気をつかって、なんとかして救ってやろうと苦労をしておられることです。

利根の者や、善き性質の者に、真実を信受させ、行《ぎょう》を成就させせられることは、いうまでもないことですが、一方、暗鈍の者や、業重の者に対しては、いろいろに身をやつし、姿を変えて、なんとかして、わからせようわからせようとしておられる深広の慈悲が、お経から伝わってきます。

「あるいは男子の身を現じ、あるいは女人の身を現じ、あるいは天竜、……あるいは神鬼、……あるいは山林……あるいは泉井、……あるいは、天帝、……あるいは居士《こじ》、……あるいは官属、……あるいは菩薩の身を現じ、……」とつづく所を、声を出して読誦《どくじゅ》すると、そんなにまでして示される真実に、目の開けない自分がなんとも哀れになってさえきます。

さまざまに方便をめぐらされるわけです。

それなのに「十に、一、二は、なお悪習のある者あらんに」といわれます。十人に、一人二人は、悪い習慣を離れられぬというのです。

ほんとに悪習を離れられぬのは、ここにいわれているように「十に、一、二」にすぎないのでしょうか。もしそうだとすると私は、その一、二の中に入ってしまうような気がします。哀しいけれども、そう思わざるをえません。

そして、もしそうであるとするならば、私は、あの阿修羅のように、抜け難い悪習を背負いながら、遠い彼方に拝する仏、菩薩のお姿に向って、ただ、じっと合掌、瞻礼するしかないように思われます。

この一段に述べられる第三の、そして『本願経』として最も大切な一点は、そのお釈迦様が、地蔵菩薩に向って、弥勒出世までのその無仏の時代の衆生済度を、付嘱されることであります。

「そのいまだ調伏せざる者ありて、業報の応にしたがって、もしくは悪趣に堕して大苦をうけん時、汝、まさ憶念《おくねん》すべし。われ、忉利天宮にありて、殷勤《おんごん》に付嘱《ふぞく》せしことを。」

お釈迦様の教えを聞いて、なおかつ、悪習を調伏せざる者があると、お地蔵さんは、その業報にしたがって、つまり、地獄に堕ちるべき衆生があれば、お地蔵さんご自身も地獄まで、ともに堕ちて苦をうけられるわけですが、その受苦のはげしい時、衆生済度の付嘱をうけたことを、忘れるなといわれるのです。

その付嘱とは、

「娑婆世界をして、弥勒の出世に至るまでこのかたの衆生をして、ことごとく解脱し、永く諸苦を離れ、仏の授記に遇わしめよ。」

ということです。

「弥勒菩薩が世にあらわれて、衆生済度をなさるまでの、その間の衆生の諸苦を救い、仏の世界に遇わせなさい、それをたのむぞよ」とお地蔵さんに付嘱されるのであります。

弥勒菩薩は、いま兜率天《とそつ》におられ、五十六億七千万年後に、この地上に下生《げしょう》されて、仏様となられるという方です。つまり、お釈迦様が亡くなられると、それ以降、弥勒菩薩が下生されるまでの五十六億七千万年の間は、具体的には仏様には逢えない無仏の時代となるといわれるわけですが、その無仏の間、さまざまな姿をとって、迷える衆生を、正しく導くことを、お釈迦様はお地蔵さんに付嘱されるわけです。

これは大変な御苦労にちがいありません。なにしろ、仏様のおられぬ世界にあって、仏様を思念させ、仏様の教えを聞かせようと心をくだかれるのですから、容易なことではありません。

仏様がどこかに、おられればよいのですが、どこにもおられないのですから、自然「むかしむかし」と昔話になってしまったり、あるいは、遠い遠い、いつくるともあてどのない未来の夢物語のようになってしまいやすいのです。「昔は、こうであった」といっても「その中にきっとこうなるよ」といっても、いま、そこにないものの話は、力がこもらないのです。

無仏の時代のお地蔵さんの御苦労が、よくしのばれます。

無仏の時代の、お地蔵さんの菩薩行を思う度に、私は薬山惟儼《やくさんいげん》という中国のすぐれた禅宗の坊さんのことを思い出します。

薬山さんのもとには、修行僧達が集まっておりました。薬山さんは折りにふれて、修行僧達に説法をされたのだろうと思います。ところが、しばらく、説法をされることのとだえた時期があったらしく、代表が、説法をお願いにあがりました。

薬山さんは、

「それでは、皆を集めてくれ。」

とおっしゃり、やがて、修行僧の前に姿を表わされます。久しぶりの説法ですから、皆、かたずをのんで説法を待ったでありましょう。ちょうど、お釈迦様の説法を待つ、忉利天の諸神、諸鬼王達と同じ情景です。

ところが、どうしたことか、薬山さんは、皆をひとわたりみわたすと、ひとことも説法をされないで、黙ってすたすたと自分の部屋にかえってしまわれたのです。

さあ、いったい、これは、どういうことでしょうか。

私も、長い間、なんのことかさっぱりわかりませんでした。ところが数年前、大切な先生を失ったとき、ふとこの話が、ひとつの響きをもって語りかけてきたのです。

人生というものはわれわれが自分の力で開こうとするから開かれるものではなく、開こうとする準備が、全てととのった時に、自然に向うから開かれてくるものかもしれません。

修行僧達が願ったのは、薬山さんの説法でした。しかし、大切なのは、ことばによる説法ではないのです。説法をする、当のその人の存在こそが、実はことばの説法の根源として、それ以上の説法のはずなのです。説かれたことばが、ほんとうに生命をもって聞く人の胸に訴えてくるのは、それを説く人の力があるからです。もちろん、ことばには、それ独自の独立した境域のあることはいうまでもなく、独立した境域をもっているからこそ、そこにはひとつの法則があるのですし、それを通して、共通の理解が可能なわけです。それはいうまでもないことです。

しかし、それを承知の上で、なお且つ、ことばには、それを語る人の人間的な存在感がかくされていることも否定できないのです。殊に、人間の深い領域にかかわる宗教の場合、語る人の存在のぬくもりは、大きな比重をもってことばを支えているし断言できます。名講演集などという本を読んでみても、その講演者を知っているかどうか、その印刷された講演を実際に聞いているかどうかによって、受ける感銘がずいぶんちがうはずです。

薬山さんのもとにいた修行僧達も、そんなことは充分承知していました。充分承知しながら、それでもやはり、なまの薬山さんの声が聞きたかったのでありましょう。

薬山さんも、おそらくそういう修行僧達の気持ちは、底の底まで知りながらでありましょう。その上で、なお、ことばの根底への問を投げつけられたにちがいないのです。

薬山さんは、いちいち修行僧達の前に身を運んで、説法される必要は、ほんとうはないのです。ただ黙って、方丈に坐っておられるだけで、修行僧達の修行の軸はきまるのです。そこに、おられるだけでよい。そのことが、薬山さんがおられなくなれば、修行僧達にもわかるはずです。説法をお願いするということには、薬山さんが、そこにおられることへの甘えとでもいえるでありましょうか。薬山さんは黙ってそれを示されたのです。

そこにその人がいる。それだけでよい。

それだけで全てのきまりがつく。

そういう人の存在があるものです。

先生を失ったとき、私ははじめてそれがわかりました。軸が崩れていくのです。私も崩れていきましたし、私をとり巻く環境も崩れていきました。しかしそれは、誰をもせめることのできないことなのです。

お釈迦様がおられる。

仏様が、そこにおられる。

ただそれだけで、人々の生きざまがきまる。

人間の精神の世界には、そういう不可思議が厳然としてあるように思います。

お地蔵さんは、柱であるべき仏様のおられない無仏の時代を付嘱されるわけです。

お地蔵さんのお顔は、慈愛にあふれておりますが、あのおやさしいお顔をじっとみつめていると、どこかに、ひそかな哀しみのかげりを感じられませんか。

あの哀しみはなんなのでしょうか。

罪苦の衆生の剛彊の性《さが》を、あわれと思われる哀しみで、ひとつはありましょうが、もうひとつ、支えたるべき仏様のおられぬことの寂しさが、あるのではないでありましょうか。

亡くなった子供の供養に作られたお地蔵さんのお顔を見ていると、親に別れて親を慕う幼き者の哀しみがそくそくと伝わってきます。

お地蔵さん御自身、そうした別離と恋慕の哀しみを、胸にひめておられるのかもしれません。

8

後世悪業の衆生をもって、慮《おもんぱか》りをなしたまわざれ

――地蔵菩薩の本願

その時に、諸《もろもろ》の世界に分身せる地蔵菩薩、ともに一形《いちぎょう》に復して、涕涙哀恋《ているいあいれん》して、その仏に白《もう》してもうさく、

「われ、久遠劫《くおんこう》よりこのかた、仏の接引《せついん》をこうむり、不可思議の神力《じんりき》をえ、大智慧《だいちえ》を具《ぐ》せしめらる。

わが分つ所の身は、百千万億恒河沙《ごうがしゃ》の世界に遍満《へんまん》す。一世界ごとに百千万億の身を化《け》し、一身ごとに百千億の人を度《ど》して、三宝《さんぽう》に帰敬《ききょう》して、永く生死《しょうじ》を離れ、涅槃《ねはん》の楽に至らしむ。

但し、仏法の中においてなすところの善事は、一毛、一渧《たい》、一沙《しゃ》、一塵《じん》、あるいは、毫髪《ごうはつ》ばかりなるも、われようやく度脱《どだつ》して大利を獲《え》せしめん。

ただ、願わくは、世尊よ、

後世悪業《ごせあくごう》の衆生《しゅじょう》をもって、慮りをなしたまわざれ。」

かくのごとく三たび、仏にもうしてもうさく、

「ただ願わくは、世尊、後世悪業の衆生をもって、慮りをなしたまわざれ。」

その時、仏、地蔵菩薩を讃《たた》えてのたもう。

「善きかな、善きかな。

われ、汝が喜を助けん。

汝、よく久遠劫来おこせる弘誓《ぐぜい》の願《がん》を成就して、ひろく度し、まさにおわらんとして、すなわち、菩提を証《しょう》せよ。」（分身集会品第二より）

お釈迦様より、無仏の時代の付嘱をうけられたお地蔵さんが、いよいよお釈迦様に向って、本願を誓われるところであります。『本願経』は、極端にいえば、この一段のためにあるといっても過言ではないでありましょう。

お釈迦様の前に、なみだを流し、思慕の思いを抱きながら立たれるお地蔵さんの決意にみちたお姿が浮かんできます。

仏様のおられぬ時代への哀しみと、そこでの衆生済度の覚悟であります。

「本願」とは「因地の誓願」といわれ、出発にあたっての誓願です。

誓願とは、未来へ向っての覚悟、決意、あるいは理想実現の祈念といってよいでありま

しょう。お釈迦様には、五百の大願、があり、阿弥陀様には、四十八願が、薬師如来には十八願があるといわれていますが、ひろく一般的な誓願としては、四弘誓願《しぐせいがん》が有名です。

四弘誓願は、次の四の誓願で、仏教の儀式の時に、よく唱えられるものです。

衆生《しゅじょう》無辺《むへん》誓願《せいがん》度《ど》
(衆生は無辺なれども誓って度せんことを願う。)
煩悩《ぼんのう》無《む》尽《じん》誓願《せいがん》断《だん》
(煩悩は無尽なれども誓って断ぜんことを願う。)
法門《ほうもん》無量《むりょう》誓願《せいがん》学《がく》
(法門は無量なれども誓って学ばんことを願う。)
仏道《ぶつどう》無上《むじょう》誓願《せいがん》成《じょう》
(仏道は無上なれども誓って成ぜんことを願う。)

いま、ここでは、この一つひとつについて説明することはやめましょう。一つひとつの個々の問題よりも、誓願というそのことが、いかに、われわれにとって大切なものであるかという、その根本のところは、しかし確りと知っておかなければならないと思います。

身近な人達をみるとわかるように、その人の生きざまというものは、二つの面からきめられています。

一つは、その人が、今日まで、過去どんな道を歩いてきたかということであり、他の一つは、その人が、未来へ向って、どんな願いを抱いて生きているかということです。人間の生きるということについて、その二面はかかせない要素です。

今日の私は、過去にたどってきた私の集積です。前に出たことばでいえば、業報《ごっぽう》でありましょう。よきことも悪しきことも、好きな己れも嫌いな己れも、過去の己れの歩んだ道によって作りあげられたものです。

それに気がつかなければ、私達は、なんの疑問も不審も抱かないで、昨日より今日へ、今日より明日へと、なんとなく流れていくでありましょう。惰性の生活です。

しかし、なにかをきっかけに、ふと、今日の自分をふりかえることがありましょう。そして、考えてみれば今日の自己は、昨日までたどってきた自己にほかなりません。それが、自分でも満足のできる自己であるならば、その人は幸せでしょうが、満足のできない自己であった場合には、どうすればよいのか。なんとかしなければならないと思って、なんとかなるものなのか。

しかし、どうにもならないのです。たとえ、ふと、それに気がついたとしても、昨日までたどってきた己れの道は、もう今さらどうすることもできぬのです。

砂の上に残した足跡は、波にあらわれて、またたく間に消えさっていきますが、私達が、自分で自分の生涯に刻み込んだ足跡は、永久に消えません。

こわいことです。今日、こうして、なんの気なしに生きている一つひとつの足跡が、確りと刻み込まれている。そして、それが明日の私にそのまままつながっているとしたならば、この今日只今の、一つひとつの足跡が、どんなに大切に思われてくるでありましょうか。

誰が知らなくても、自分でつけていく一つの足跡。それが、今日も新しく刻み込まれていっているのです。

では、その過去を背負った自分が、新しく生まれ変わる道はないのでしょうか。

その一つが、誓願であります。明日に向って、強い決意を抱いて、新しい第一歩を踏みだすことです。

その時、今日の自己が、昨日までの自己を背負ったままで、新しく生まれ変わっていきます。新しい自己になるのです。

誓願は、そういう深い意味をもっています。

お地蔵さんが、お釈迦様の前で、誓願を立てられる時、その時、六道能化のお地蔵さんがそこに生まれられるのです。

お経にかえってお地蔵さんの誓願のことばをみましょう。

そこには、二つのことが言われていることがわかります。

一つは、お地蔵さんが、仏様の力をうけて大智慧を具えることができたということです。

「われ、久遠劫よりこのかた、仏の接引をこうむり、不可思議の神力を獲て、大智慧を具せしめらる。」

ここに、宗教の神秘の世界があるといわなければなりますまい。

自分の力ではないのです。

一人一個の人間が自分を軸にして出す力など、所詮、たかのしれたものです。

私達が、もっともっとなにか大きなものに自分をあずけてしまうときに、自分の小さな了見などふっとんでしまって、大きな力が自分の底から湧きあがってきます。

自分の枠の中にとじこもっていた人間が、大きな秩序の中に蘇生するのです。

その時には、自分は自分であって自分ではない。

お地蔵さんは、お地蔵さんであってお地蔵さんではない。しかも、それだからこそ、久遠の仏様と一つになられた真のお地蔵さんとなられるのです。

私達が、お地蔵さんの前に、自分を投げ出して礼拝するとき、私達はもう私達ではなくなって、悠久なお地蔵さんの慈悲の中に大きく抱かれ、新しく大きな自分として生まれかわるのです。

しかも、ここでお地蔵さんがお釈迦様からいただいておられるのが、慈悲ではなくて、大智慧であることも、絶対に見おとしてならないことでありましょう。

お地蔵さんは、最も代表的な慈悲の仏様といわれるように、地獄の衆生の側にまで親しく身を運んで済度してくださる慈悲深広の仏様です。その仏様が、いただかれたのが、慈悲ではなくて、智慧であることに、深い真実を感じます。

いつくしみとは、やさしく、暖かい世界です。

しかし、いつくしみとは、決して、べたべたと情に溺れきってしまったなまぬるいだけのものではないでありましょう。

人の世の真実を透徹してみぬくこと、真実において、人の世の哀しみにじっと耐えぬくこと、そんな厳しい智慧の世界が、暖かいいつくしみと全く一であるのです。

人の世の真実、哀しみや苦しみに触れることのないいつくしみなどは、ただわずかな感情の遊びにすぎぬでありましょう。

お地蔵さんは、衆生の罪業剛彊を、底の底まで徹見されます。それがこの『本願経』を一貫する一つの主題といってもよいくらいです。くりかえしくりかえし、人間の罪業の深さがのべられるのです。そして、こんなに人間の愚劣さが執拗にくりかえし説かれるお経はそう多くはありません。

それは、真の慈悲とは、決して、甘っちょろいものであるのではなく、人間の深い深い迷謬《めいびゅう》の徹見から、あふれでてくるものであることを語るもののように思われてなりません。

しかも、このお経の話の順序からみると、お地蔵さんは、ここではじめてお地蔵さんの第一歩を踏み出されたのではありませんでした。

今まで、すでに読んできましたように、縁のある多くの衆生にかこまれて、忉利天《とうりてん》にきておられました。ここではじめて衆生済度の本願を立てられて、ここから衆生済度が、はじまったのではなく、前にすでに過去久遠劫よりお地蔵さんの慈悲行は、実行されていたわけです。

お地蔵さんが、永遠の慈悲の仏様であることが、こんなところからもわかります。

では、なぜ、あらためて、ここで本願をおこされるのでしょうか。

いうまでもなく、それは、無仏の時代への付嘱《ふぞく》に対する本願でありますが、元来、願《がん》それ自体に、唯一度だけおこされたら、それで一切が終わりというものではないものがあるように思います。何回も何回も、毎日毎日、もっとおしつめていけば、一息一息、願は、新しい生命を吹きこまれて持続されていかなければならぬものではありますまいか。お地蔵さんは、遠い昔にも、覚華定自在王如来《かっけじょうじざいおうにょらい》の前で「われ尽未来劫、まさに、罪苦ある衆生を方便を設けて、解脱せしむべし」と誓っておられたことは、前に読んだ通りですが、いま、またここで「百千万億に身を分って」「百千万億の人を度せん」といわれて、願を新たにしておられるといってよいでありましょう。

いまも、毎日毎日、衆生済度の願を新たにしながら、風雨にうたれ、道のほとりに立って、私達にあの慈愛の誓願のお姿を示現して下さっているわけです。

願は一度で終わるのではない。私達のいかなる願も、幾度も幾度も百千万発されなければならぬのであります。

さて、そこで、お地蔵さんは、お釈迦様に対して、

「ただ願わくは、世尊、後世悪業《ごせあくごう》の衆生をもって、慮《おもんぱか》りをなしたまわざれ」と三度、誓われます。「無仏の時代のことを、どうぞ御心配下さいますな」といわれるのです。

あのおやさしいお地蔵さんのまなざしに、このときばかりは強い決意がみなぎっていたにちがいありません。お経には「涕涙哀恋して」とありました。お地蔵さんも泣いておら

れるのです。どこかの浄土に往こうとされるのではありません。六道輪廻の衆生の世界に、しかも、その底の底の地獄の底までおりていこうとしておられるのです。

「ただ願わくは、世尊、後世悪業の衆生をもって慮をなしたまわざれ」

なんというありがたい誓願でありましょうか。このことばを声を出して三度唱えますと、その度にいつでも熱いものがこみあげてきます。

『地蔵菩薩本願経』の、最もありがたい一節でありましょう。

善人をこそ助けてやろうと誓われるのではありません。よく修行をした人や、きびしい修行に耐えうる人のそばに往ってやろうとされるのではありません。

悪業の衆生のそばに往こうとされるのです。

修行もできない弱い衆生の前に、不遇の境遇の中にかなしんでいる衆生のもとに、お地蔵さんはやってきて下さるのであります。弱くとも悪くとも、お地蔵さんは見捨てられません。いや、弱いからこそ、悪いからこそ、見捨てられないのです。

しかし、では、それは、弱さや悪さに安住していてよいということなのか。

決してそうではないようです。

「仏法の中においてなすところの善事」といっておられます。仏法の中の善事、つまり我利、我欲のためにでない善事を、弱くとも小さくとも、一つでも積まなければならぬのです。それはどんなに小さくともよい。「一毛、一渧《たい》（滴）一沙（一粒の砂）一塵、あるいは毫髪《ごうはつ》（細いかみの毛程）ばかりの」善事であってもよいのです。お地蔵さんはそれをみているといっておられます。

私は修行ができないから、そういって立ちどまるのではありません。たとえきびしい修行はできなくとも、道に迷っている人を、近くまでいっしょに歩いてあげることはできるはずです。弱くて、病床に臥したままでも、看病の人に、「ありがとう」と一言いうことはできるでありましょう。

深い深い根源の世界にまでさかのぼっていえば、私達が、小さな一つの善事を積もうとすることも、実は仏様のお力によるのであって、自分のしわざではないといえるかもしれません。それが深い人間の根源においての真実だと思います。

しかし、それだからこそ、己れの底にきらめく苦事への一片の思いを、それがたとえどんなにささやかなものであったとしても大切にしなければならぬのです。その小さな、善への思念を、己れのはからいとして、捨てるのではなく、仏様より預いた小さな珠として大切に生きることをためらってはならぬのです。

私達の人生は、業報の人生です。昨日まで積みあげてきた己れを、背負っての人生です。その中で、私達もまた、ひとかけらでもいい、小さな誓願をおこし、小さな善事を積むのです。誓願をおこしたその胸の中に、お地蔵さんは示現され、一つの善事を刻む深い胸の中をとおして、私達は、お地蔵さんに触れるのであります。

お地蔵さんが示現されるなどということがあるものか。お地蔵さんなんかあるもんかという人もあります。確かに一見合理的で、よくわかったような気も致しますが、それは嘘です。聞く耳、見る眼さえ持っておれば、お地蔵さんは、至る所に姿をお見せになり、慈愛のことばをお聞かせ下さっています。

道のほとりに、いまも立っておられるではありませんか。小さな石のお地蔵さんが、私達の精神に、深く広い慈愛を、語りかけておられるではありませんか。それが、見えもせず、聞こえもせぬのは、精神が、眼も耳も失っているからにほかなりません。

お地蔵さんは、ちゃんと、私達の周囲におられるのです。

しかし、また、矛盾するようですが、私達の胸の奥深くに、お地蔵さんはおられるというのも真実であります。

内も外も二つではないのですから。

さて、こうしたお地蔵さんの誓願に対して、お釈迦様は、次のようにこたえておられますね。

「善きかな、善きかな、われ、汝が喜を助けん。汝、よく久遠劫来《くおんこうらい》おこせる弘誓《ぐぜい》の願《がん》を成就《じょうじゅ》して、ひろく度《ど》し、まさにおわらんとして、すなわち、菩提《ぼだい》を証せよ。」

いま、読んでいるのは「分身集会品《ふんじんしゅえほん》」というのですが、この品《ほん》は、このお釈迦様のおことばでしめくくられます。

百千万億に身を分って、百千万億の悪業の衆生を済度しようと誓われるお地蔵さんに向って「その誓願を果して、そこで、安らかな世界（菩提）をえなさい」といわれるのです。

お地蔵さんが、ホッとされる時です。

いったい、そんな時が、いつくるのかと心配にもなりますが、お地蔵さんが、御苦労に御苦労を積み重ねられて、「ああ、これでもういい」と、ホッとされる、そんな光景を想像するだけで、私達の胸の中まで、なにか、こうホッとするような暖かいぬくもりが感じられるではありませんか。

お地蔵さんに、はやく菩提を証していただきたいものです。

ところで、このお釈迦様のことばの中に、もう一つ、キラッと光る一語をみつけます。

それは「われ、汝が喜を助けん。」というひとことです。

お地蔵さんの、誓願が、ひとつひとつ成就していくその喜びを助けようとしておられることですが、なぜこれが、みすごしてならぬ一語なのでしょうか。

それはわれわれ人間の世界には、他人のよろこびを、素直によろこべぬという業の深さがあるからです。

どこかでお祝いごとがあると皆がよろこんでお祝いにいきます。「おめでとうございます」といって、多勢の人が集まってきます。とても美しい光景です。

ところが、私達凡夫の「おめでとうございます」ということばの中には、時々、ねたみや、やっかみがひそんでいたり、足をひっぱろうとする気持ちが隠されていたり、ひどい時には、口先とは裏腹に、「いまにみていろ」というようなおそろしい恨みまでがひそめられていることさえあります。そんな、きたない人の心は、そうむやみにあることではないかもしれませんが、他の喜びを、ほんとうに真底よろこぶということは意外と汚れた人の世には少ないのです。本当に、真底から、他の喜びをともにしうるということには、けがれのない美しい心が必要なのです。

仏様の心を私達の心と比較するなどということは、とんでもないことですが、ここでお地蔵さんの喜びを助けようといわれるお釈迦様の一語の気高さを、つくづく尊く思うのです。

『過去現在因果経』というお経の中に、

もし貧窮《びんぐ》の人ありて、財の布施《ふせ》すべきものなくば、他の施《せ》を修《しゅ》するを見る時、しかも随喜《ずいき》の心を生ぜよ。

随喜の福報は、施と等しくして異なることなし。

ということばがあります。貧しくて、なんにも布施（さしあげる）することができなかったならば、他の人が布施するのを見た時、共にそれを喜びなさい。人の喜びに随うことのすばらしさは、布施をすることのすばらしさと、少しもちがわないというのですが、随喜は、喜びを助くというのに比べると、多少、消極的な気もしないではありませんが、せめて、他の喜びを助けるまではいかなくとも、喜びに随うという気持ちぐらいは持ちたいものであります。

他の喜びが、そのまま素直によろこべる心、さらには、他の喜びをすすんで助けるひろやかな心、それを忘れてはならぬでありましょう。

9 衆生の造業

その時に、仏母摩耶夫人《ぶつもまやぶにん》、恭敬合掌《くぎょうがっしょう》して、地蔵菩薩に問うてのたまわく、

「聖者《しょうじゃ》よ、閻浮《えんぶ》の衆生、造業《ぞうごう》の差別《しゃべつ》、所受《しょじゅ》の報応《ほうおう》いかん。」

地蔵、答えていわく、

「千万の世界、および国土、あるいは地獄あり、あるいは地獄なし。あるいは仏法あり、あるいは仏法なし。地獄の罪報《ざいほう》も一等のみにあらず。」

摩耶夫人、重ねて白《もう》さく、

「願わくは、閻浮における罪報所感《ざいほうしょかん》の悪趣《あくしゅ》を聞かん。」

地蔵菩薩、聖母《しょうも》にもうしてもうさく、

(1)「もし衆生あって、父母《ぶも》に孝《こう》ならずして、あるいは、殺害《せつがい》にいたらば、まさに無間《むけん》地獄に堕《だ》して、千万億劫《せんまんおくこう》にも出んことを求むとも、期《とき》なかるべし。

(2)もし衆生あって、仏身より血を出し、三宝《さんぽう》を毀損《きそん》し、尊経《そんきょう》を敬せざれば、またまさに、無間地獄に堕して、千万億劫にも出でんことを求むとも、期なかるべし。

(3)もし、衆生あって、常住《じょうじゅう》を毀損し、僧尼《そうに》を点汚し、あるいは伽藍《がらん》の内にて、ほしいままに婬欲《いんよく》を行じ、あるいは殺し、あるいは害す。かくのごとき等の輩は、まさに無間地獄に堕して、千万億劫にも出でんことを求むとも、期なかるべし。

(4)もし、衆生あって、偽《いつわ》りて沙門《しゃもん》となり、心は沙門に非ず、常住を破りて用い、白衣《びゃくえ》を欺誑《あざむ》き、戒律に違背《いはい》し種々に悪を造らば、かくのごとき等の輩は、まさに無間地獄に堕して、千万億劫に出でんことを求むとも、期なかるべし。

(5)もし、衆生ありて、常住の財物《ざいもつ》、穀米、飲食《おんじき》、衣服《えぶく》をぬすみ、ないし、一物《いちもつ》をも、与えざるを取らば、まさに無間地獄に堕して、千万億劫にも出でんことを求むとも、期なかるべし。

もし、衆生あって、かくのごときの罪を作らば、まさに、五無間地獄《ごむけんぢごく》に堕すべし。しばらく苦をとどめんことを求むとも、一念をもえさらん。」と。

(観衆生業縁品第三より)

この前の一段は、お地蔵さんが、お釈迦様の前で本願を誓われるところで、この『本願経』の最大のクライマックスでありました。

そのあとをうけて、仏母摩耶夫人が、お地蔵さんに向って問をおこされます。

「閻浮《えんぶ》」とは、南閻浮提《なんえんぶ》といい、私達の住んでいるこの世界のことですが、摩耶夫人は、その閻浮の衆生は、どんなことをし、どんな報いをうけているのかと、お地蔵さんに問われるのです。

それに対するお地蔵さんの答として、ここから、剛彊罪苦の衆生の姿が、くわしく、なまなましく描かれていきます。

思わず、顔の紅くなるようなこともありますし、ハタと膝をうつような一節もあります。愚かで、我儘勝手な自分自身の姿でもあるからです。

もしそれが、自分自身の姿であるとしますならば、なおさら、それから目をそむけてはならぬでありましょう。そむけたくとも、そむけてならぬものならば、目を寸分もそむけない。それが智慧であります。

この一段で、まずお地蔵さんが説いておられるのは、無間地獄におちるべき衆生の罪業です。

無間地獄とは、いろいろたくさん説かれている地獄の中でも最も下にあり、最も苦しみのひどいといわれる地獄ですから、そこにおちるべき衆生とは、最も深い罪業を犯したもののということになります。

では、その最も深い罪業とはなにか。

お経によると、

(1)父母に孝ならず、殺害にいたる。

(2)仏身より血を出し、三宝を毀謗《きぼう》し、尊経を尊敬しない。

(3)お寺のもの（常住）をこわしたり、お坊さんや尼僧《にそう》さんをけがしたり、お寺の中で婬《いん》欲《よく》を満したり、生命あるものを殺害したり、傷つけたりする。

(4)偽わりて、形だけ坊さんの真似をして、人々をだます。

(5)お寺の財物を盗みだす。

という五つの罪業が列記されています。

無間地獄におちる悪業のことを、普通、無間業《むけんごう》というのですが、お経によって多少その内容にちがいはあるようです。

この『地蔵菩薩本願経』では、この五つが五無間業とされるわけですが、じっとこれをみつめていますと、結局、この五つは、二つの内容に分けられるように思います。

その第一は、父母に不孝であり、父母を殺害することであります。

第二は、他の四つ全体をひっくるめて仏・法・僧の三宝を傷つけたり、こわしたり、ぬすんだり、冒瀆したりすることといってよいと思います。

つまり、一つは、両親へ、一つは仏・法・僧という神聖なものへの罪業であります。さらに、いいかえれば、身体の源と、精神の源への問題といってもさしつかえないでありましょう。

私達が、生きているというそのことの根源には、私達が、この身体を与えられているということがあります。これは厳然たる事実で、身体によってはじめて私達の人生がおりなされていくことは、いかにしても否定できません。私達が、いくらかでも、人生について考えてみたり、仏法の教えを聞こうと思ったりするのは、いわば、ずっと後のことであって、自分について、何の意識も反省も持たないそれ以前から、すでに、与えられた身体を持って生きています。ふと、気がついてみたら、自分は生きていたというのが、ほんとうでありましょう。意識はその身体の下に生まれてくるのです。私達が、自分をどのように捉え、どのような人生を生きるにしても、所詮、それはこの身体においてであって、その他の何ものでもありません。

ですから、この身体を与えられて生きているということをいい加減に考えてはならぬのです。

もちろん、現在の自分の身体を、よろこんでいる人ばかりとは限りません。人間というのは欲の深いものですから、ひょっとすると、現在の自分の身体に満足し、それを与えられたことを感謝している人の方が少ないかもしれません。もっと背が高かったら、もっと頭が良かったら、もっと美人であったら、もっと健康であったらなどと架空の自分に憧れながら、現実の自分に愚癡をこぼして生きている例は決して珍しいことではありますまい。

しかし、たとえそれが、どんなに自分の気にいらない身体だからといって、それから目をそむけて、それを凝視することを拒否しつづけてみても、そこからは、なんにもはじまらないのです。その与えられた自分の身体を、素直にじっと受けとる以外にありません。

色が白くないとか、鼻が丸いとか、いうぐらいのことならば、それもよいかもしれませんし、また、割合容易に、肚もきまるかもしれませんが、しかし、不自由な身体に生まれあわせたりした場合にも、なおかつ、それを素直にうけとるのでありましょうか。それしかないのでありましょうか。

そうです。その場合にも、つらくても、苦しくても、じっと受けとるしかないように思います。

智慧とは、そういう冷厳な一面を持つもののように思われるのです。

確かにそこに宗教のこわさがあります。

なんにもあきらめなさい。なんにもあきらめて今の境遇に甘んじなさい、というような退嬰《たいえい》的な解釈が可能ですし、実際に歴史の上では、宗教はそういう役割に利用されたり、それに協力した事実がないとはいえないかもしれません。

しかし、本質的な意味において、受けとるということは、深い人間存在の根底においてのいとなみであることを忘れてならぬでありましょう。そこは、絶対に狂わせてはならぬ一点であります。

その上に立つことによって、帰敬文の第一句、

　人身受け難し、今すでに受く

ということの一句に、人間の根源からの厳粛な叫びを聞きとることができるように思います。

さてその人身の根源は何か。いうまでもなく父母であります。ですから、父母への不孝や、その殺害は、存在の根底への乖離《かいり》を意味し、五無間業の第一としてとりあげられるのです。

親を大切にするということは、決して家族制度の中においての倫理や道徳の次元で判断されるべき性質のものではありません。己れの、今日ただ今の存在の源底に確り足の立ったものであるのです。

第二は、三宝への冒瀆です。

第一が身体の源への罪業であるとするならば、この三宝への冒瀆は、精神の源への問いかけでありましょう。

昔から、人間の人間らしさを求めて、いろいろな定義が出されてきました。「道具を作る動物」だとか「理性を持つ動物」「ことばを持つ動物」「宗教を持つ動物」などなど、集めてくれば無数に探し出せるように思います。

いずれも、人間の人間らしさを求めての定義でしょうし、いずれが正しくて、いずれがまちがっていると簡単にいいきることのできる性質のものでもありますまい。人間というのは一筋縄ではきめつけることのできがたい複雑な存在ですし、見る角度によって、いずれも真実の一面をついているからです。

ただ共通していえることは、人間の、意識活動とか、精神とか、心とか呼ばれる分野が、知的にも情的にも動物よりは、はるかに正確に精密であり、ずっと豊かで、深いものを持っているということでありましょう。

そして、もし人間の精神が、そういうものであるとしますならば、正確な知性と豊かな情操を備えていることこそが、与えられた生命を深く大きく生きることといわなければならないのです。より正確で、より豊かな精神こそが、より大きな生命の存在であります、生命を大事に生きることであります。

そしてその大きな存在の高い所に、美しく清澄な三宝の世界があるのです。思えば、仏教とは、人間の最も気高い世界そのものをいうのであり、仏様とか菩薩とかは、その気高い世界を地で生きられた方々といってよいでありましょう。

例えば、お地蔵さんというお一人の菩薩をここで考えてみるだけでもよいでありましょう。

お地蔵さんは、どこかの浄土に安住の地を持っておられるのではありません。われわれ衆生の住む六道のそのまっただ中に――底は地獄にまでも姿を現じて迷える衆生を導いて下さる仏様であります。

また、代受苦の仏様ともいわれます。衆生の苦しみを助けて、自らが、苦悩をひきうけて下さるともいわれるのです。

お地蔵さんの慈悲とは、人間の生み出した最も気高い精神の一つでありましょう。しかし、では、お地蔵さんのような慈悲行を、私達が実行できるがどうかを考えてみますと、私のような罪業の重い人間には、とうていその何万分の一も実行はおぼつかないように思います。

地獄までおりていく愛、他の苦しみを、代わって引きうける愛、そういう気高い愛を、どれだけ私が実行できるでありましょうか。

しかし、それが自分にできないからといって、その愛や慈悲が、空想や夢物語だとは、絶対にいえないのです。たとえ実行できなくても、慈悲として最も本来的なものであるといわなければなりません。

その本来性に立てば、それが実行できるかどうかということは、二の次の問題でありまず。

それが、どれだけほんとうなのか。

ただそれだけが問題なのです。

そして、その気高い世界の本来性への尊重恭敬の気持ちを持つか持たぬかということが、人間としての価値の問われるところではないでありましょうか。

できなくともよい。

そのものの尊さを知ることであります。気高い世界を尊重できる精神と、尊重できぬ精神と、どちらが気高い精神であるのか。もうあらためて問いなおす必要もありますまい。

何年か前、京都で、托鉢の列に出逢いました。禅寺のあるところでは、托鉢の雲水さんに出逢うことはそんなに珍しいことではないのですが、その時の一つの光景が実に鮮烈で、いまなお忘れることができません。

十五、六人の雲水さん達が、一列に並んで、道の真中をさつさつと歩いていました。それが托鉢の作法ですし、白い脚絆《きゃはん》と黒い法衣との雲水さんは、それだけで気高くさわやかです。――そういえばお地蔵さんは、僧形でおられるのが普通です。――その時です。四、五歳ぐらいの、真紅な洋服を着た可愛い女の子が、玄関からチョコチョコと走り出て、雲水さんの一人に、なにがしかのお金を喜捨しました。雲水さんは、立ちどまって、深々と腰をかがめてその布施を受けました。その時です。そのかわいい女の子が、小さな手を合わせて、ピョコンとおじぎをしたのです。これもまた喜捨の作法にちがいないのですが、あの小さい女の子は誰にその作法を教わったのでありましょうか。私は熱いもののこみあげてくるのを、どうすることもできませんでした。

あの可愛い四、五歳の女の子が、尊ぶべきものを尊ぶ作法を教わっていたからであります。人の世の穢れを知らぬ少女が、清らかなものの前に手を合わせていたからです。

お経の中では、仏身より血を流すとか、お寺のものを毀損するとか、僧尼をけがすとか、いつわって僧になるとか、お寺のものを盗むとかと、無間業が幾つも並べられておりますが、皆、尊ぶべきものを冒瀆することを意味しており、それがなぜ無間業なのかわかって参ります。

人間が尊ぶべきものを、冒瀆する行為だからです。

人間として生まれながら、人間の否定を意味するからです。

10 因蔓《いんまん》、断えず

仏、四天王に告げたまわく、

「地蔵菩薩は、久遠劫《くおんこう》よりこのかた、今に至るまで、衆生《しゅじょう》を度脱《どだつ》してなおいまだ願《がん》をおえず。この世の罪苦の衆生を慈愍《じみん》して、また未来無量劫中を観るに、因蔓断《いんまんた》えず。

ここを以ての故に、また重ねて願をおこしたもう。

かくの如く、菩薩は、娑婆世界閻浮提《しゃばせかいえんぶだい》の中において、百千万億の方便《ほうべん》をもって教化《きょうけ》をなす。

四天王よ、

地蔵菩薩は、もし殺生《せっしょう》の者に遇《あ》わば、宿殃《しゅくおう》短命の報を説く。

もし竊盗《せっとう》（ぬすみ）の者に遇わば、貧窮苦楚《びんぐくそ》（貧乏の苦しみ）の報を説く。

もし邪婬《じゃいん》の者に遇わば、雀鴿鴛鴦《じゃっこうえんのう》（小鳥に生まれかわる）の報を説く。

もし悪口《あっく》の者に遇わば、眷属闘諍《けんぞくとうじょう》（一族が争う）の報を説く。

もし瞋恚《しんに》（いかり）の者に遇わば、醜陋癃残《しゅうろうりゅうざん》（醜い老齢）の報を説く。

もし慳悋《けんりん》（ものおしみ）の者に遇わば、所求違願《しょぐいがん》（思わぬようになる）の報を説く。

もし飲食《おんじき》度無き者に遇わば、飢渇咽病《きかついんびょう》（飢えかわく病）の報を説く。

もし父母《ぶも》に悖逆《はいぎゃく》（そむく）する者に遇わば、天地災殺《さいせつ》（天災で死ぬ）の報を説く。

もし生雛《しょうすう》（ひなどり）を網捕《もうほ》（網で捕える）する者に遇わば、骨肉分離《こつにくぶんり》（肉身がバラバラになる）の報を説く。

もし法を軽んじ、教を慢《まん》する者（仏様の教えを軽んじたり、わかってもいないのにわかったような素振りをする）に遇わば、長く悪道におるの報を説く。

もし梵を汚し（お寺をけがし）僧を誣《そし》る者に遇わば、永く畜生に在るの報を説く。

もし湯火斬斫《とうかざんしゃく》（ゆでたり、あぶったり、きったりする）して生を傷る者に遇わば輪廻逓《りんねてい》償《しょう》（たえざる輪廻）の報を説く。

もし吾我貢高《ごがこうこう》の者（我が強く、思いたかぶった者）に遇わば、卑使下賤《ひしげせん》（賤しい身分）の報を説く。

かくの如き等の閻浮提《えんぶだい》の衆生の、身口意業《しんくいごう》の悪習の結果は百千報応なり。今ほぼ略してかくの如き等の閻浮提の衆生の業感の差別《しゃべつ》を説きぬ。

地蔵菩薩は、百千の方便を以って、しかもこれを教化したもう。」

（閻浮衆生業感品第四より）

この一段は、前の一段につづいて、衆生の悪業の深さを、くりかえして説かれる所です。ふだん見慣れぬ字には、簡単な意味を書いておきましたし、文章は、難しくありませんので、意味はおわかりのことと思います。

殺生をしている衆生にあわれると、そんなことをすると短命の報いをうけるぞといましめられ、盗みをしている衆生をみられると貧乏でつらい思いをするようになるぞと教えられ、悪口をいうものにあうと、一族が、お互に諍《あらそ》いあうような報いをうけるぞと教えられるのであります。

お地蔵さんが、いろいろ悪業を重ねる衆生を、なんとかして立ちなおらせようとしておられる姿が、目にみえるようです。

お経に説かれている「もし……に遇わば」というのは、そういう衆生の悪業の姿であります。

盗むとか、殺すとかいうことは、そのことばの通りの意味においては、そう簡単におかすことではないかもしれません。

しかし「もし……する者に遇わば」という「……」の所を、もう一度、みかえしてみて下さい。

「悪口をいう者」「いかりを抱く者」「ものおしみする者」「やたらに飲んだり食べたりする者」「父母にそむく者」「生きた雛鳥《ひなどり》をいけどりにする者」「わかりもしないのにわかったそぶりをする者」「煮たりやいたりして、生きものを傷つける者」「おごりたかぶる者」などあらためて並べてみると、それらが、そろってきわめて身近な常の出来事であることがわかります。これらの中の一つをも侵したことのない人は、おそらくないのではありますまいか。

一度もひとの悪口をいわない人、一度もいかったことのない人、おごりたかぶる気持ちをひとかけらも持ったことのない人。人様のことをいう資格は私にはありません。私自身をふりかえってみますと、はずかしいことですが、その全てが思いあたることばかりです。悪口を言ってはならぬ。何回、自分にいい聞かせたでありましょうか。何回も何回も自分にそれを課しながら、何回も何回も、その度にそれを破っています。

つくづくそんなだらしない自分が嫌になってしまいます。

もうどうでもいい。どうせできないならば、やろうと思うだけ無駄だなどと自棄的になっているのではありません。一歩でも、ひとかけらでも、より善くありたいものと願っているのですが、いつの間にか、ついそれを破っているのです。

自分に絶望してはならない。自分に絶望することも、実は自分におごっていることですから、絶望などというおごりを持ってはならないと、自分にいい聞かせながら、それでもやはり、駄目だという挫折感を持つことも決して少なくはありません。

前に、身の供養《くよう》などといって、一毛、一滴の善事をも積まねばならぬと申しましたけれども、こんなお経の文句を読んでいると、いったい、私にどれほどの善事ができるだろうかと不安になってさえ参ります。

お経に「この世の罪苦の衆生を慈愍《じみん》して、また未来無量劫中を観るに、因蔓《いんまん》、断えず。」という一節がありました。悪業が、蔓《つる》のからみあうようにもつれあって断えることがないという意味です。「因蔓、断えず。」なんという人間の不条理の真実を描いた的確な一句であろうかと思います。思わずハッと、息をのむ思いが致します。

一九七〇年になくなったフランスのモーリアックという作家に、「人間の運命は、植物のように無数の根がからみあっていて、それ一つを切り離すことはできない」というような意味のことばがありますが、すぐれた人間洞察の眼には、国境を越え、時間を超えてなんと深く契合するものがあるものかと驚嘆せざるをえません。

因蔓の断えることなきがごとく、木の根の切り離せないがごとく、悪業を積み重ねて六道をさまよっている自分の姿を、お経を通して私は、あらためて教えられるのであります。どんな報《むくい》をうけても仕方があるまいというような気さえしてきます。

そして、そんな気持ちで、じっとお経をみるとき、そこにある「地蔵菩薩は、百千の方便をもって、しかも、これを教化したもう。」という一節に、つき倒されるような感動をうけるのです。

お地蔵さんの智慧の眼には、強彊悪業の衆生の、くらませぬ真実の姿が、まざまざとさだかにみえているにちがいありません。そのお地蔵さんが、さまざまの方便をもって「しかも」教化をあきらめられぬのです。

因蔓断えざる己れが、因蔓断えざる姿のままに、お地蔵さんの慈悲に大きく深く包まれるのです。

このような悪業の衆生、あるいは愚かな衆生といっておく方が、より近い感じがするかもしれませんが、そういう衆生の姿が『本願経』の中では、あちこちにくりかえし示されているのですが、その全部を読むと大変な分量になりますので、あと、一箇所、お経のそんな一段をみておきましょう。

11

魚の網に遊ぶが如し

その時に、仏、地蔵菩薩に告げたまわく、

「一切衆生の、いまだ解脱《げだつ》せざる者は、性識《しようしき》、定まることなく、悪習業《あくじゆうごう》を結び、善習果《ぜんじゆうか》を結び、善をなし、悪をなし、境を逐《お》うて生じ、五道に輪転《りんでん》して、しばらくも休息《くそく》することなく、ややもすれば、塵劫《じんこう》（無限に長い時間）を経るも迷惑障難《めいわくしようなん》あり。魚の網に遊ぶが如し。これをもって長流《ちようる》するに、入ることを脱して、しばらく出ずるも、またまた網にあう。これらの輩をもって、われ、まさに憂念《うねん》す。」

（閻浮衆生業感品第四より）

これは、お釈迦様が、お地蔵さんに話しかけられたことばの一節ですが、ここにも、さまよえる衆生の流転《るてん》の姿が、実に見事に描かれています。見事などといって、ひとごとのように感心をしている場合ではないのですが、お釈迦様の人間通には、ほとほと感心させられてしまうのです。

さまよえる衆生は「性識、定まることなく、悪習業を結び、善習果を結び、善をなし、悪をなし、境を逐うて生じ、五道に輪転して休息せず。」といわれています。

「性識」とは、性質や、心のことですから、さまよえる衆生の、フラフラした様子のことであります。悪いことをしているかと思うと、急に善いことをしはじめる。ああ、ようやく、善いことをはじめたな、ようやく立ちなおったなと思っていると、また、再び、もとの所に舞いもどっている。右往左往して全く頼りにならない衆生の姿であります。

しかも、それが「境を逐うて生じ」なのです。自分がそうするのではないのです。目の前にあるものにひかれて、悪をしたり、善をしたりフラフラしているのです。善いものを見れば善いことをする。しかし、それは、自分の中から、ほとばしり出た善事ではありませんから、それがなくなって、悪事が目の前に表われると、今度は、すまして、それを追っかけて、そっちの方に行ってしまう。まことに「性識、定まらず」なのです。

境を逐うて生きる。それがわれわれの姿でありましょう。自分の目の前にあるものを追いかけまわしているのが人間の姿といってよいかもしれません。お金と名声の後を追いかけまわして、どれだけ人間がうろつきまわり、狂いまわっていますことか。

目の前に肉片をぶらさげられて、トラックの上を、必死に走りつづけるドッグレースの犬が哀れでなりませんが、ふとかえりみると、私もまた、どうやらドッグレースの犬と、さして変わりない生活を送っているようです。

その哀れな、愚かな衆生を、仏様は助けようとされます。それなのに、衆生はまた、同じようなさまよいを、いつまでもやめないのです。

「魚の網に遊ぶが如し。

これをもって長流するに、入ることを脱して、しばらく出ずるも、またまた網にあう。」

お釈迦様は、譬え話が実にお上手です。

魚が網に入っている。可愛そうに思って、それを川の流れの中にはなしてやると、しばらく泳いでいる中に、またまた網の中にまいもどってしまう。そういう魚の姿と、性識定まらぬ人間の姿とが、実によく似ているのです。

もうあんな馬鹿なことはよそう。そう思いながら、なにかのきっかけで、つい、もとの世界に舞いもどってしまう。もとのもくあみになってしまう。なんとも愚かな人間像であります。

それでもまだ、一度でも網から出られればよい方で、網の中から一歩も出られぬ自分をさえ見出しかねないのです。川に放してやろうとする手を逃げまわってつかまらない魚であることさえあります。ここは網の中だ、外には大きな流れがあるのだということさえ本当には知らない私を発見せざるをえないのです。

こういう愚かな衆生――私達の姿を正しく教えようとされるのが『本願経』の一つの主題であります。

ところで、こんな汚れた愚かな人間のうくべき果報として『本願経』の中には、地獄のことが、これまた何回も何回も説かれています。

たとえば「地獄名号品」という章には、極無間《ごくむけん》地獄、大阿鼻《だいあび》地獄、飛刀《ひとう》地獄、火箭《かせん》地獄、夾山《きょうせん》地獄、通槍《つうそう》地獄、洋銅《ようどう》地獄、耕舌《こうぜつ》地獄、剉首《ざしゅ》地獄、焼脚《しょうきゃく》地獄、啗眼《たんげん》地獄、叫喚《きょうかん》地獄、抜舌《ばつぜつ》地獄、糞尿《ふんにょう》地獄、剥皮《はくひ》地獄、飲血《おんけつ》地獄、倒刺《とうし》地獄、など、など、これでも全部ではありませんが、実に多くの地獄が列挙されています。

刀が飛んでくるとか、火の矢がとびかうとか、山が両側から迫ってきておしつぶされるとか、銅がどろどろににえたぎっているとか、首をきられるとか、眼球をつつき食われてしまうとか、舌を抜かれるとか、身体の皮膚をひきはがされるとか、針の上につき倒されるとか、大体、字を見ただけで、どんな苦しみのある地獄なのか想像がつきますが、どれもどれも、身の毛のよだつような地獄絵です。お経はその様子を、かなり詳しく書いているのですが、ここまで『地蔵菩薩本願経』を読みすすんできて、いい加減、正直なところ嫌になってきました。これでもか、これでもかと、己れの愚さを見せつけられると、いったいどうすればいいのか苦しんでしまうのです。

苦しければ、逃げてよいものではありません。嫌ならば、蓋をしてしまってよくはないのです。苦しくとも、嫌であっても、それが、己れの真実であるならば、それに真正面から向かいあって、それをじっとみつめなければなりません。それが、智慧でありました。

智慧には、地獄が見えるのです。

地獄が見えることによって、そのことにおいて仏界が見えるのも智慧の不思議であります。

しかし、地獄の詳しい説明は、他の本にゆずりましょう。

地獄の話は、他の本にゆずって、さてでは、そんな愚かな私達は、いったいどうすればよいのかという、一歩でも半歩でも前に進む教えの方にうつっていきたいと思います。

そっちの教えの方に、気がはやります。

そこに、お地蔵さんの、おやさしい手が、きっとさしのべられているにちがいないからです。

12

お地蔵さんの見聞利益《けんもんりやく》

時に会《え》中に、ひとりの菩薩摩訶薩《ぼさつまかさつ》あり。観世音《かんぜおん》と名づく。座より起《た》ち、胡跪合掌《こきがつしょう》して、仏にもうしてもうさく、

「世尊よ、この地蔵菩薩摩訶薩は、大慈悲を具して、罪苦の衆生を憐愍《れんみん》し、千万億の世界において、千万億の身を化したもう。

われ、世尊が十方無量の諸仏とともに、異口同音に地蔵菩薩を讃歎《さんたん》していいたもうを聞くに、たとい、過去、現在、未来の諸仏の功徳《くどく》を説くとも、なおつくすことあたわず。

ただ願わくは世尊、現在、未来の一切衆生のために、地蔵不思議の事を称揚《しょうよう》して福《ふく》を獲《え》せしめたまえ。」

仏、観世音菩薩に告げたまわく、

「この地蔵菩薩は、閻浮提《えんぶだい》において、大なる因縁《いんねん》あり。もし諸の衆生において、見聞利益の事を説かば、百千劫《こう》の中に説くとも尽くすことあたわざらん。

この故に、観世音よ。
汝、神力をもって、この経を流布《るふ》して娑婆《しゃば》世界の衆生をして百千万劫に、永く安楽《あんらく》を受けしめよ。」（見聞利益品第十二より）

さて、忉利天で、お釈迦様が、お母様のために、こうして、お地蔵さんのお話をつづけられるのですが、そのたくさんあつまった諸仏、諸菩薩、鬼神、諸神の中に当然、観音様もおられます。「時に会中に、ひとりの菩薩摩訶薩あり。観世音と名づく」と書かれています。

御承知のように、観音様は、正しくは観世音菩薩とお呼びするのですが、その観音様については『観音経』があり、多くの本が出ていますからそれを是非御覧下さい。

観音様も、三十三身に身を変えて、これまた迷える衆生済度の大慈悲を行ぜられるお地蔵さんと並ぶ慈悲の仏様であります。

観音様は、身に瓔珞《ようらく》（宝石の装身具）をまとった美しいお姿で衆生の前に姿を示現されますし、それに対してお地蔵さんの方は、身に一つの飾りもつけず、墨染の法衣《ころも》に錫杖《しゃくじょう》をついた僧形が多くとられますが、両両あいまって仏の大慈悲が示されます。

その観音様が、今、お釈迦様の前に、ひざまづき、合掌して、お地蔵さんの慈悲行が、異口同音に讃歎されているけれども、そのお地蔵さんの御利益についてお教え下さいと、たのまれるのであります。

どうすれば、お地蔵さんのご利益にあずかれるのか。それを尋ねておられるといってよいでありましょう。

それに答えて、お釈迦様は、

「見聞《けんもん》の利益を説いて聞かせよう。お前は——観音様に向って——このお経を流布し多くの衆生を安楽ならしめよ」と、観音様にこのお経をひろめることをお命じになり、次に偈《げ》（詩）をもって、お地蔵さんの利益を説かれるわけです。

お地蔵さんの利益については、前の方でも一度触れられてありました。つまり「この菩薩の名字を聞き、あるいは讃歎し、あるいは瞻礼《せんらい》し、あるいは名を称え、あるいは供養し、あるいは、形像《きょうぞう》を彩画《さいかく》し、刻鏤《こくる》、塑漆《そしつ》」するということでした。これと同じ内容は『本願経』に終始一貫して幾度も幾度も出て参りますが、その総まとめともいうべきところが、次にあげる「見聞利益品偈《ほんげ》」でありましょう。これだけの分量に、これだけまとまって、お地蔵さんの功徳の説かれたところは『本願経』の他のどこにもありません。

ちょうど、字数も『観音経』とそう違いませんし、お地蔵さんの前で、声を出して読むのにふさわしい偈であります。

十七回忌の母のお墓の前で、私は、この偈を声を出して読みました。うしろに、声を出して読むのに便利なように、かなを付してのせておきましたので、お地蔵さんの前はもちろんのこと、仏壇や、お墓の前でも読誦して下さい。お地蔵さんは、どこにでも、杖をついて姿を表されるにちがいありません。

さてその偈をみましょう。

その時に世尊、しかも偈《げ》を説《と》いてのたまわく、

(1)「われ地蔵の威神力《いじんりき》をみるに、
恒河沙劫《ごうがしゃこう》に説くとも尽し難し。
見聞瞻礼《けんもんせんらい》すること一念《いちねん》の間もせば、
人天《にんでん》を利益《りやく》すること無量の事あらん。

(2)もしは男、もしは女、もしは竜神《りゅうじん》、
報尽《ほうつ》きてまさに悪道に堕《だ》すべきも、
至心《しいしん》に大士の身に帰依《きえ》せば、
寿命、うたた増《ま》して罪障《ざいしょう》を除かん。

(3)おさなくして父母の恩愛《おんあい》を失わんもの、
いまだ魂神《こんじん》いずれの趣《しゅ》にありというを知らざるもの、
兄弟、姉妹および諸の親しきもの、
生長よりこのかた皆《みな》識《し》らざるもの、
大士の身を、あるいは塑《つちにてつく》り、あるいは画《えが》き、
悲恋《ひれん》瞻礼して、しばらくも捨てず
三七日《さんしちにち》の中、その名を念ぜば、
菩薩まさに無辺《むへん》の体《たい》を現《げん》じて、
その眷属《けんぞく》の所生《しょしょう》の界《かい》を示すべし。
たとい悪趣《あくしゅ》に堕《お》つともついで出離《しゅつり》せん。
もしよくこの初心《しょしん》を退《たい》せずんば、
すなわち摩頂《まちょう》して聖記《しょうき》を受くることを獲《え》ん。
(4)無上菩提《むじょうぼだい》を修せんと欲《ほっ》するもの、
ないし、三界《さんがい》の苦を出離《しゅつり》せんとするもの、

この人、すでに大悲心《だいひしん》をおこして、
まずまさに大士の像を瞻礼すべし。
一切《いっさい》の諸願《しょがん》、すみやかに成就《じょうじゅ》して
永く業障《ごっしょう》のよく遮止《しゃし》することなからん。

(5)人あって発心《ほっしん》し、経典を念じて
群迷《ぐんめい》を度《ど》し、彼岸に超《こ》えしめんと欲《ほっ》す、
この願、不思議を立つといえども、
ようやく読めばようやく忘れて廃失《はいしつ》多し。
この人、業障の惑《わく》あるが故に、
大乗経《だいじょうきょう》において記《き》することあたわず。
地蔵を供養するに、香華《こうげ》、
衣服《えぶく》、飲食《おんじき》、諸の玩具《がんぐ》をもってし、
浄水をもって大士の前に安んじて、
一日一夜、求めてこれを服し、
殷重《おんじゅう》の心をおこして、五辛《ごしん》

酒肉《しゅにく》、邪婬《じゃいん》および妄語《もうご》を慎《つつ》しみ、
三七日のうち、殺害《せつがい》することなく、
至心《ししん》に大士の名を思念《しねん》せば、
すなわち夢《む》中において無辺《むへん》を見、
覚《さ》めきたってすなわち利根耳《りこんに》をえん。
この経《きょう》の教《おしえ》の、耳を経《へ》て聞くに応じて、
千万生《せんまんしょう》の中、永く忘れざらん。
この大士の不思議をもって、
よくこの人をしてこの慧《え》を獲《え》せしむ。

(6)貧窮《びんぐ》の衆生および疾病《しつびょう》
家宅凶衰《けたくくすい》して眷属《けんぞく》に離れ、
睡夢《すいむ》の中、安んぜず
求むること、乖離《けり》して称遂《しょうすい》なからんに、
至心に地蔵の像を瞻礼せば、
一切の悪事、皆、消滅せん。

夢中に至るも尽《ことごと》く安きことをえて、
衣食豊饒《えじきほうじょう》にして神鬼《じんき》に護られん。

(7)山林に入り、および海を渡らんとするに、
毒悪の禽獣《きんじゅう》、および悪人、
悪神、悪鬼、ならびに悪風、
一切の諸難、諸の苦悩あらんに、
ただ、まさに地蔵菩薩大士の像を、
瞻礼し、および供養すべし。
かくのごとき山林、大海の中
まさにこの諸悪、皆、消滅すべし。

(8)観音よ。至心《しいしん》にわが説を聴け。
地蔵無尽《むじん》の不思議、
百千万劫《こう》に説くとも、周《あまね》く、広く、
大士のかくのごときの力を宣《の》べざらん。

地蔵の名字、人、もし聞き、
ないし、像を見て瞻礼せん者、
香華、衣服、飲食をもって奉じ、
供養せば、百千の妙楽《みょうらく》を受けん。
もしよく、これをもって法界《ほっかい》に廻《めぐら》せば、
畢竟《ひっきょう》じて、成仏《じょうぶつ》し、生死《しょうじ》を超《こ》えん。
この故に、観音よ、汝、まさに知って、
あまねく恒沙《ごうじゃ》の諸の国土に告ぐべし。（見聞利益品第十二より）

さて「偈《げ》」というのは、今までずっと読んできました普通の文章とちがって、大切なことを、読誦したり、おぼえたりするのにし易いように説かれる詩であります。それを「偈」といいます。

『本願経』の全体を通して、あちこちにくりかえし説かれたお地蔵さんの御利益のことが、この短い偈の中に集中的に説かれているわけです。

偈の上に、番号をうっておきましたが、全体は、八段に分けられます。

おのおのの段の要旨を、まず見ていきましょう。

(1)は、お地蔵さんの利益は、説き尽すことのできぬぐらい大きいが、お地蔵さんを、ほんの一瞬でも、拝んだり、名前を聞くだけで、量りしれぬ利益にあずかることができるというものです。「恒河沙劫《ごうがしゃこう》」は、ガンジス河の砂の数のように、はかりしれぬ長い時間のことであり、一念は、その逆の、短い時間のことです。一念は、指を、ひとはじきするその間に、六〇あるともいわれ、あるいは、四〇〇あるともいわれますので、一秒の何百分の一、何千分の一という、カメラのシャッターの開閉する間のような、目にもとまらぬ短い時間です。その間だけでも、お地蔵さんを拝み、お地蔵さんを聞くことができる。聞くということについては、はじめの方で申し上げました。聞く耳がなければ、どんなに長い時間その響きのそばにいても、聞けるものではないのですから聞ける、聞くことができたということは、それが例え一瞬の間であっても、すばらしいことなのです。長さではなく、深さです。

問題の次元は幾分違うかもしれませんが、私達の生涯に一念というものが、大きな意味を持っていることが、いろいろなことから体験させられます。ぼんやりした惰性の積み重ねには、本当の意味においての自分の人生はないように思います。ある時の、一瞬の感動、ある時の閃光のような一事の感激こそが人生を造りあげているように思います。その一点の感動に立ってみかえると、その他の経験は、全て皆どこかに消えうせてしまうような、そういう体験があるものです。極端ないい方をすれば、その深い感動こそ自分の人生の全てなのであって、ほかは、無意味なつけたしにすぎないとさえいえるようなことがあるのではありますまいか。ある時の一輪の花の美しさ、それが、私の全生涯の花の美しさなので、そのほかに見た何千何万の花の姿はあの時の一輪の花にも及はないのです。

音楽でも同じです。何回も何回も演奏会に行き、同じ曲を何回聞いてみても、その全てが、その人の音楽経験を創造しているわけではありません。あの日の、あの曲の、あの演奏が、他の全ての音楽経験を包みこんで、ただ一点、輝きつづけるのです。それが、ただ一点だから、無意味だなどとは、絶対にいえないのです。いや、一点だからこそ、その一点が、真にとどくものだからこそ尊いともいえるのです。

一点であるから、瞬間であるから尊いのではありません。本ものだから尊いのです。

以前、ラジオで聞いた話を、ふと思い出しました。お聞きになった方もありますでしょうし、あるいはどこかに印刷されているのかもしれませんが、もし印刷されていないとしたら、あの放送の時限りで消えてしまうのが、いかにも残念ですので、戦死したその青年将校の供養に、一念ということに関連して、皆様にお伝えしておきたいと思う話があります。

放送を聞いてからもう、二、三年はたっているると思いますのでそのことのあった場所も、時も正確には記憶しておりませんが、九州のどこかのことでした。戦争の末期、片道のガソリンをつんで、航空隊の青年達が戦場に飛び立っている頃の話です。現在お医者さんをなさっている方の放送なのですが、その頃、そのお医老さんは医学生でありました。ある日の夕方、街のレコード屋で、こんな光景にぶつかられたのです。

航空隊の一人の青年将校が入ってきました。そして、レコード屋の主人に「ベートーヴェンの『運命』はないか。もしあるならば、虫のいいお願いだが、ここで一度聞かせてもらえぬだろうか」と話しかけたのです。いうまでもなく、『運命』とはベートーヴェンの第五交響曲のことです。しかし、田舎の街の小さなレコード屋のことでもあり、しかも、戦争中のことですから、そんなレコードのあるはずがありません。主人がその旨を伝えると、ひどくがっかりした様子で淋しそうにかえっていこうとします。

それを、かたわらでみていたその医学生は、将校に話しかけるのです。「自分の家に行けば、『運命』がある。そう遠くはないので御都合がよろしければ、おいで頂いてさしつかえないのだが。」しばらく考えていた将校は、青年のことばに甘える無躾をあやまりながら「それでは聞かせて頂きたい」とついてきます。

『運命』の演奏の終わるまで、一ことも口をきかず、微動だもしないで青年将校は聞いていました。その頃のレコードのことですから、三、四分おきに裏にかえしたり、針をかえたり、ねじを巻いたり、おそらく四十分以上もかかっているでしょう。粛然としたその様子に医学生はただならぬものを感じるのです。

演奏が終わると、丁重にお礼を述べ「実は明朝七時に出撃をすることになっている。最後にもう一度『運命』が聞きたくて街へやってきたが、どこにもなく、あきらめて隊に帰ろうとしていた時であった。見も知らぬ貴君の御好意によって聞くことができた。思い残すことはなに一つない。明朝、翼をふって往く飛行機を御覧になったら、私のお礼の気持ちと思って下さい。」

そういって帰っていきます。

明朝、七時、医学生は、国旗を竿にしばりつけ、屋根に上って待っているのです。航空隊から、飛行機が次々と編隊をくんで飛び立って往きます。もう再びかえらぬ青年達の操縦する飛行機です。

と急に、その中の一機が編隊を離れ、医学生の方向に、高度を落しながら近づいてくるのです。医学生は、必死で、旗をふりつづけました。飛行機もそれに気づいたのでありましょう。大きく翼を上下にふりながら医学生の家の上空を一直線に飛び、編隊のあとを追っかけて、まっすぐはるかな空の彼方に消え去っていったのです。

その医学生が、今は、九州のどこかで医院を開業なさっていて、忘れられぬ『運命』として、放送されたものでありました。

放送をなさった方も、時々声をつまらせておられましたが、聞いている私も涙が流れてしかたがありませんでした。

有為な青年の尊い命が、たくさん、戦争で消えさりました。

命をこそいつくしめと路傍に語られるお地蔵さんにとっても、戦争は哀しい時であったにちがいありません。

さてここで申し上げたいのは、その青年将校が二十数年の命をかけて聞いた、最後のただ一度の、『運命』の重さです。

その、一度の『運命』の重さに匹敵するだけの音楽体験を持ちえた人が、果たして、今、何人あるでしょうか。

ただ、一度、の持つ重さ、それを申し上げたかったのです。

その人から得た、たったひと言のために、その人に自分の生涯をまかせきることもあります。

一念の間でもよい。お地蔵さんの真実に触れる。一念の間でもよい、お地蔵さんの前に、本とうに礼拝できるかどうかが問題であります。礼拝できたら、残りの何十年の生涯は、その一点に帰着するのです。その一念だけで、その生涯は尊いのです。ただ一念の間でもよい。お地蔵さんが至心に拝めること。

そのことがこの第一段にはうたわれています。

(2)は、悪道（地獄、餓鬼《がき》、畜生《ちくしょう》）などの底下の世界におらるべき衆生であっても、お地蔵さんに帰依《きえ》すれば、罪が除かれるといわれています。

大士は、菩薩のことで、地蔵大士とか、文殊《もんじゅ》大士などといいます。大きいということはすばらしいことですね。どんな小さな可愛いお地蔵さんも大きい。こそこそ、おどおど小物のようなお姿のお地蔵さんは、世界中、どこにもありません。道のほとりに立っておられても、草むらの中に埋もれていてもお地蔵さんは、いつもゆったりと、穏やかに、暖かく大きいのです。

大士、いいことばです。

「帰依」とは、帰投とか、依伏とか註釈されてきましたが、自分の小さなはからいを投げすてて、仏様に、一切を、おあずけすることであります。

私達の仏様への帰依の仕方には、どうも自分のはからいが残ります。仏様を拝んで、自分が、なんとかしてもらおうという気持ちがあります。なんとかしてもらおうというのは、自分の願いにすぎないわけで、その願いをかなえてもらうために、拝んでいるわけです。卑俗ないい方をすれば、仏様との、かけひきともいえます。一切を任すとか、全てをあずけるとかいうほんとの信とは、そういうことではありますまい。自分の願いや、希望があって、それを実現するためなどというのは、なんにもあずけていないのと同じことです。あずける以上は煮て食おうと焼いて食おうと、どうぞ、み心のままに、お好きなようにして下さい。そう自分を投げ出してしまうこと、それが帰依であります。「私は極楽に行きたいと願っていますし、こんなに拝んでいるのですから、極楽につれていって下さい。」それは帰依でもなんでもなく、自分の欲の実現をたのんでいるにすぎません。ほんとに帰依するところには、自分の欲はないはずです。

もし極楽につれていかれたら、ただそれだけ。もし地獄につれていかれたら、ただそれだけ。それ以上の何もないのです。それが帰依でありましょう。

ただ、「南無地蔵菩薩、南無地蔵菩薩」とお呼びするだけです。

戦場で亡くなっていった青年達が、最後には「お母さん！」といって亡くなっていきました。子供を亡くしたお母さんが、ただ、子供の名前を呼びます。呼んでみても、どうにもなることではありません。しかし、人間至純の魂の底には、至純な呼びかけがあるのです。

帰依とは、至純の叫びであります。

「至心に大士の身に帰依せば、……罪障を除かん。」

至純な帰依の叫びの中には、いかなる罪障も一指も触れることはできません。

(3)は、はやく父母に別れたもの、亡くなってどこにいるか所在のわからぬものがあった場合、兄弟・姉妹や、親しいもの、あるいは、無縁の人々であっても、お地蔵さんの像を造ったり、描いたりしてそれを礼拝し三七《さんしち》、二十一日の間、お地蔵さんのみ名を念ずれば、お地蔵さんが、どこにでも姿を現わして、その場所を示し、助けて下さり、その気持ちを長く失わなければ、清らかな世界におつれ下さるというものです。

ここにいわれている「念」というのは、さきほどの「一念」とちがって「忘れない」という意味で、三七日の間は、お地蔵さんのことを忘れぬということです。

賽の河原の物語や水子地蔵なども、この一段の心から生まれたものと思われますし、また、お地蔵さんが信仰される最もお地蔵さんのありがたさの説かれている一段であります。この一段によって、お地蔵さんが、広く人々の哀しめる心の中に拝みつづけられているといっても過言ではないでありましょう。

「おさなくして父母の恩愛を失わんもの、」というのには、二つの意味があるように考えられます。一つは、幼い時に親が亡くなったもの、という意味であり、第二は幼くして自分が死ぬことによって、両親の恩愛から別れてしまったものという意味です。『本願経』の全体からみると、おさなくして父母の恩愛を失わんものというのは、どうも第一の意味の方が強いようですが、第二の意味も当然あります。賽の河原の子供達や、水子地蔵に冥福の祈られる小さい生命は、この第二の意味で、うけとった上の話であります。

私の母は生涯、四歳で亡くなった「ノーナン」のことを忘れませんでした。

お地蔵さんは、不幸な衆生をこそ助けよう、そのためには、地獄までもいこうとされるのですが、不幸という点からいえば、親に死なれてしまうのも、自分が死んで親のもとから離れていってしまうのも、いずれも不幸の最たるものでありましょう。

親を失った子供は不幸であります。近頃では、福祉施設が充実して、そういう不遇の子も暖かに守られるようになりはしましたが、どんなに施設が完備し、先生方が献身的に子供達の世話をされたとしても、子供にとって遂に、親の愛情にとってかえうべきものではないでありましょう。

哀しいことです。

いや、それだからこそ親の愛情が尊いといえるのですが。

親の愛情は狭いかもしれません。子供のゆえにさ迷う親の数は古今少しも変わらぬでありましょう。子供が育つためには、そういう盲目ともいうべき親の愛が欠かせぬように思います。盲目の愛を知らぬ子供は、その他の何ものもが充たされていたとしても不幸であります。

親を失った子供が不幸であるように、幼くして亡くなる子供もまた不幸であります。生命という視点からみると、最も不幸な恵まれぬ生命であるといってよいでありましょう。

私は、若い時には、なぜはやく亡くなった子供達が、お地蔵さんに守られなければならぬのかわかりませんでした。それは、子供は穢れていないからです。大人の汚れを知らない子供は、お地蔵さんに守られなくとも、浄らかな世界にそのまま真っすぐにいってなんの不思議もありません。幼児のあの澄み切った眼や、ニコッと笑うあの天使のような浄らかな無心の笑顔をみますと、子供が、なぜ、お地蔵さんに守られなければならぬのかわからなかったのです。

それは、やはり私の未熟でありました。

「ノーナン」のことをいつも胸に思いつづけていた母の気持ちのわからぬのと同じ、若さのむごさでありました。

生まれて間もなく亡くなる生命ぐらい不幸な生命はないではありませんか。

どんな小さな虫でも、殺される時には、手足をもがいて死んでいきます。つらいのです。せっかく、この世に生命を与えられながら、その生命を最後までまっとうすることができず、どんな理由であれ、中途で生命を絶たれることが、どんなにつらかったか。

それは、まだ母の胎内にいる小さな生命においても同じであります。この世の光には、まだ会っていなくとも、生命は、すでにもえていたのですから。母親の胎内にありながら、母親を知らないそのつらさを忘れてはならぬでありましょう。

賽の河原で、その不幸な子供達が、一度もあわぬ両親や、兄弟のために、石を、一つ二つと積みあげてその幸を祈る、それが賽の河原の子供の姿だとうたわれているのがあの和讃です。

至心に、香華を捧げなければなりますまい。

「いまだ魂神、いずれの趣に在りということを知らざるもの」というのは、最初の方に出てきました、お地蔵さんの前生話を思い出して下さい。

そんな不幸な死にあった時、身よりのものや、あるいは、なんのゆかりもないものでもいいのです。お地蔵さんの像を造ったり描いたりして、二十一日の間それを至心にお祀りすれば、お地蔵さんが、その不幸な生命を守って下さるというのです。

(4)は、修行をして悟りを得、三界《さんがい》の苦を超えようと志すものは、大悲の心をおこし、お地蔵さんの像を、仰ぎみ礼拝しなさいといわれます。(3)が、亡くなった不幸な他の生命への供養をいう一段だとするならば、この(4)は、自らの生命への供養をいう一段でありましょう。

自らの生命への供養とは、一毛、一滴の善事を積み、浄らかに生きることであります。「無上菩提を修せんと欲《ほっ》せんもの」とは、浄らかに生きようとするものです。「無上菩提」とは、さあ、なんといったらよいのでしょうか。難しい説明は山ほどありますが、「己れの都合を捨てた浄らかな生命」といってよいでありましょうか。私達凡夫は、その己れの都合が捨てられないで、自分勝手な思惑をふりまわして生きているから、嘘になったり、苦労が絶えなかったり、強彊悪業の衆生でしかありえなかったりするわけです。

強彊罪重の衆生については、すでに詳しくお経によって教えられた通りですし、その業《ごっ》報《ぽう》は、所詮、今日の私が背負って生きなければならぬものであります。

しかし、それだからといって、その強彊罪重の己れのそのままを、それが業報の故に是認し、その自己をただ甘やかしてよいのか。そうではありませんでした。与えられている立ちあがる力を捨てるのではなく、それを大切に前に進まなければならないのです。

「無上菩提を修せんと欲する」とは、そのことをいうのです。自分の生命を供養し自分の生命を気高く生きようと決意することです。

そのことは、裏に「三界の苦を出離」しようという志気を持っています。「三界」とは、欲界《よくかい》、色界《しきかい》、無色界《むしきかい》の三つをいいまして、これまた、複雑な説明が展開されるのですが、詳しくふみ込む余裕はありません。要するに、己れのはからいを根源にひそめた様々の世界のことです。己れのはからいに開眼し、己れの罪業深重に気がつけば、それから離れて、浄らかな世界へ旅立とうとするのは必然でありましょう。しかし、では、いこうとすれば誰でもいけるのかどうか、それは問題です。

その時、お経は、大悲心をおこし、地蔵菩薩の像を瞻礼せよと教えるのです。

大悲心とは、慈悲の心です。自分のことを思う心ではなく、他を思う心です。「三界の苦を出離」しようとするのは、どちらかというと、自分を思う心といってよいかもしれませんが、大悲心とは他を思う心です。そうすると、大悲と、三界の苦を出離しようとする心とは、矛盾します。自分の苦に耐ええず、浄らかな世界を生きようとすることは自分を思う心でしょう。ところが、その自分を思う心を実現しようとするのには、それと矛盾した他を思う心をおこせといわれるのです。

前にも申しました、自利と利他とは、決して二つではないということです。

三界を離れたいということは、そこを離れることではなく逆に三界の他を思うことでなければならぬのです。

そして、このことは、実は、お地蔵さんの六道能化《ろくどうのうげ》の誓願と全く同じことではありませんか。

無上菩提を修せんとするものは、自らも、お地蔵さんの誓願に生きて他を思えと教えられるのであります。

お地蔵さんの誓願を自ら生きようとする人間にとって、当然、お地蔵さんのお像は、その支えとなります。お地蔵さんの誓願を、自分自身また生きようと願ったとしても、なかなか、その通りに進められるものではありません。網に入った魚ではありませんが、フラフラともとの世界にかえってしまうのが常套です。その時です。お地蔵さんのお像が、私達の心を、ぐっと魅きつけていって下さるのです。朝晩、お地蔵さんのお像の前に立って瞻礼する時、私達の心は、お地蔵さんに向い、お地蔵さんの心が私の胸の中にもえるのを感じます。お地蔵さんは、私の前におられることによって、同時に私の胸の中におられることになります。私は、お地蔵さんの前に立ちながら、同時に、お地蔵さんと一体になっているのです。

仏像を拝むということには、そういう感応道交《かんのうどうこう》ということがあるように思います。拝むものと、拝まれるものと二つがありながら、しかもないのです。

仏像を拝むということも、私には長い間、わかりませんでした。美しいから、ただ鑑賞しているにすぎませんでした。しかし、今は、至心に、合掌礼拝致します。

仏像などというものは、所詮、木で作った創作品です。金銅で鋳た飾りものにすぎません。そういうのも本当です。けれど、それはまた悠久久遠の仏様だ。これもまた真実であります。

お地蔵さんが在り、それを瞻礼する心があるとき、拝むものも、拝まれるものも共に仏であります。

近頃は、部屋に仏様をお祀りしなさいということにしています。

次の⑸は、⑷の段をまっすぐに受けてですが、お経を忘れず念じつづけ、他を思う心を持ちつづけようと発心した衆生が、そのままますぐずんずん前に行けるといいのですがそうはいかず「ようやく読めば、ようやく忘れる」というようなさ迷いを経験するであろうが、それは、罪業のしからしむるところであるから、そんな時は、お地蔵さんに「香華、衣服、飲食、玩具」を供養し、浄水をそなえ、その浄水を飲んで、五辛（にら、らっきょう、ねぎ、にんにく、はじかみ)、酒肉、邪婬および妄語(うそをつく)を慎み、二十一日の間、殺害をやめ、至心にお地蔵さんの名を思念せよ、そうすれば、お経を忘れなくなるであろうといわれています。つまり、お経を忘れぬことと、他を思う慈悲の心とが、ゆらぐ時、お地蔵さんを供養し、行いをつつしめといわれているわけです。

お経を忘れるとは、お経の一字、一句をいうのではないでしょう。お経の心、それをいうのだと思います。お経の心を忘れてはならぬのです。

ここに、お地蔵さんに供養するのに、玩具というのがあり、ちょっと心をひかれました。玩具は、いうまでもなく「おもちゃ」ですから、お地蔵さんに「おもちゃ」をお供えすることです。

ああ、やはり、お地蔵さんは、子供の仏様なのですね。

よくお地蔵さんには、子供の玩具がお供えしてあって、なんとなく、ものがなしい思いをするのですが、お経の中に、ちゃんと、玩具をお供えするように書かれておりました。

ほかのお経には、あんまり出てこないことばのように思います。

(6)と(7)は、いわゆる社会の中での苦労であります。貧しさとか、病気になるとか、会社がうまくいかない(家宅凶衰)とか、旅での苦労とか、そういうものに出くわした時に、お地蔵さんを、至心に、瞻礼し、供養せよ、諸難は消えさるであろうといわれています。

ここは非常に難しいところです。宗教の根本を、見誤ってならぬところでありましょう。

たとえば、会社がうまくいかないからといって、社員が皆、口をそろえてお地蔵さんの名を呼んでみたとしても、それはおそらくなんにもなりは致しますまい。会社の苦労は、その時代の社会の渦の中からうまれてきます。会社をうまくするには、全員が力を合わせて努力するしかないのです。

では、お経の説いているのは嘘なのか。

嘘ではありません。

どんな苦難にぶつかっても、その苦難にうちひしがれないで、苦難に耐えてそれをのり超す力を支えていく、そういう精神の奥深いところでの力となるのが、宗教であります。精神の奥深いところで、己れの生死の全てを、一切、お地蔵さんにまかせきるのです。

空也上人が「捨ててこそ」といわれた、その一語に、千鈞の重さを感じます。

宗教は、現実のトラブルの解決を、なにものかに依頼することではない。

トラブルをあきらめて、泣きねいりすることでもない。そんな、やせほそったみみっちいものではないはずです。お地蔵さんのあの慈しみにみちた、おおらかなお顔をごらん下さい。

宗教は、あのように豊かな精神の境域を照らすものであります。

⑻はいよいよ最後です。

お釈迦様が、観音様に向って、このように、お地蔵さんの不思議を説くと、尽くる時がない。とにかく、お地蔵さんの名前を聞くことができる、お地蔵さんを拝することができるその時には、香華、衣服、飲食をもって供養せよ。そのお地蔵さんの名を聞き、お地蔵さんを供養するその貴い行いを、永遠真実の世界に刻むならば、浄らかな世界に生き、生死の境域を超えるであろう。そのことを観音よ、諸の国土の人々に告げしらせよ、といわれるのです。

「これをもって、法界に廻ら」すというような難しいことばがありますが、己れのはからいや、思いを捨てて、お地蔵さんへの至心な思念と行いを持つ時、私達は、その場で、そのままの姿で、永遠の仏の世界につらなり抱かれているのであります。

阿修羅が、阿修羅のままで、あのひたすらな眼において、そのまま赦されているようにです。

ああ、母が、こっくりこっくり居眠りをはじめたようです。

もうこのあたりで、お話をやめなければいけません。

最後にもう一度、このお経に説かれているお地蔵さんのお祀りについて、まとめておきたいと思います。

一、お地蔵さんのお像を、土で作ったり、絵に描いたり、石や木に刻む。
作られたお像をお祀りする。
お祀りしてあるお像の前に行く。

二、お香をたき、お花を飾り、その折々の珍しいもの、あるいは玩具などをお供えする。

三、至心に、瞻礼し「南無地蔵菩薩、南無地蔵菩薩」とみ名を称える。あるいは『地蔵菩薩本願経』その他を読む。

四、子供が生まれた時にも、人の亡くなる時にも、み名を称える。

五、善き行いを積む。

四のところは、お経の本文を読む余裕はありませんでしたが、そう書かれております。
「生」と「死」。人間の厳粛な生命の事実であります。
そして、くり返えしますが、お地蔵さんは、至心に拝んで下さい。自分の都合や、思いはかりを捨てて拝むのです。お地蔵さんと、かけひきをするのではなく、ただ、ひたすら拝むのです。願いごとがあれば、一生懸命、願って下さい。ただひたすら願うのです。

そのあとのことは、一切、お地蔵さんにおまかせしましょう。

そこに確り、肚はきまっていなければいけません。

母は、すっかりねこんでしまいました。

きっと、お地蔵さんに手を引かれているにちがいありません。

母を驚かさぬように、けれど、母の心に、とどくように『地蔵菩薩本願経見聞利益品偈』を読誦しようと思います。

あとがき

この本を書こうと思いたったのは、「母の思い出」のところで述べましたように十七回忌の母の墓前で「見聞利益品偈」を読誦していてでした。

母のために、お地蔵さんの本を書こう。

そう思ったのが、最初のきっかけでありました。

しかし、そう思いたったとて、急にお経の話など書けるわけのものではありません。書こうと思って、書きすすめることのできたのは、前にも、ちょっと触れましたように、静岡市上足洗、厄除地蔵天昌寺で、ここ三年間、毎月一回、この『地蔵菩薩本願経』の講義を続けてきたということがあったからです。私にとっては、専門外の『本願経』の講義は、大変な苦痛でありました。講義の日が近づくにつれて、時には食欲の減退することもありましたし、新幹線に乗ってからまで、今日は、いったいなにを話せばいいのだろうかと、四苦八苦したことが、決して稀ではありませんでした。

『地蔵菩薩本願経』が、私に投げかけてくる問題が、それまで一度も思ってみたこともないような未知の分野への凝視を迫るものばかりでありましたし、それがあまりにも大きいものであったからです。私のこの三年間は『本願経』との悪戦苦闘であったといっても過言ではないように思います。清・霊桀の『地蔵菩薩本願経科註』を参考にしました。

その悪戦苦闘の結果、投げかけられた問への答が、みなみつかったとはいえません。ますます、問いの蔓のからみあいの中にひきずりこまれているという方が、本当のようです。しかし、その幾つかのことに関しては、明確ではありませんが、茫漠とした一つのうかがいはえられたように思います。

その意味で『地蔵菩薩本願経』の講義へ、腰の重い私を遮二無二ひきずりこんだ、長年の法友、厄除地蔵天昌寺住職、北堀昌雄師はこの上なき法縁の師でありました。ふだんは、悪口ばかりいい合う仲ですが、今、ここで、あらためて、心より、この法縁を与えて下さった北堀昌雄師に、感謝の念を捧げます。

そして、その三年間私のような未熟者の時には、何をいっているのかさえわからぬような退屈な彷徨の講義に、欠かすことなく参加して下さった方々に、ただただ、お礼を申しあげるほかはありません。

どんなお忙しい時にも、どんな寒い時にも、必ず姿をみせて下さった幾人かの方々、いちいちお名前は申しあげませんが、眼を閉じると、おひとりおひとりはっきり顔の浮かんでくる方々が、この三年間の心の支えでありました。

ありがとうございました。

それから、もう一つ、駒沢女子短期大学の窪田照代、島田友紀子、浜田徳子、原田裕子の四人の学生さんが、水子地蔵の研究の相談に見え、自分達のしらべたことを教えてくれたり、また、若い新鮮なお地蔵さんへの意見を聞かせてくれたりしました。この若い人達からも多くのことを教わったのです。

そして、最後になりましたが、この本を書くことを慫慂され、始終はげましの声を下さった中山書房主、中山晴夫氏に心からお礼を申し上げます。

昭和五十三年三月二日

太田久紀

『地《じ》蔵《ぞう》菩《ぼ》薩《さつ》本《ほん》願《がん》経《きよう》見《けん》聞《もん》利《り》益《やく》品《ほん》偈《げ》』

吾《ご》観《かん》地《ぢ》蔵《ぞう》威《い》神《じん》力《りき》
恒《ごう》河《が》沙《しや》劫《こう》説《せつ》難《なん》尽《じん》

見《けん》聞《もん》瞻《せん》礼《らい》一《いち》念《ねん》間《けん》
利《り》益《やく》人《にん》天《でん》無《む》量《りよう》事《じ》

若《にやく》男《なん》若《にやく》女《によ》若《にやく》龍《りゆう》神《じん》
報《ほう》尽《じん》応《おう》当《とう》堕《だ》悪《あく》道《どう》

至《しい》心《しん》帰《き》依《え》大《だい》士《し》身《しん》
寿《じゆ》命《みよう》転《てん》増《ぞう》除《じよ》罪《ざい》障《しよう》

少《しょう》失《しつ》父《ぶ》母《も》恩《おん》愛《あい》者《しゃ》
兄《きょう》弟《だい》姉《し》妹《まい》及《ぎゅう》諸《しょ》親《しん》
或《わく》塑《そ》或《わく》盡《ぎゃく》大《だい》士《し》身《しん》
三《さん》七《しち》日《にち》中《ちゅう》念《ねん》其《ご》名《みょう》
示《じ》其《ご》眷《けん》属《ぞく》所《しょ》生《しょう》界《かい》
若《にゃく》能《のう》不《ふ》退《たい》是《ぜ》初《しょ》心《しん》

未《み》知《ち》魂《こん》神《じん》在《ざい》何《か》趣《しゅ》
生《しょう》長《じょう》以《い》来《らい》皆《かい》不《ふ》識《しき》
悲《ひ》恋《れん》瞻《せん》礼《らい》不《ふ》暫《ざん》捨《しゃ》
菩《ぼ》薩《さつ》当《とう》現《げん》無《む》辺《へん》体《たい》
縦《じゅう》堕《だ》悪《あく》趣《しゅ》尋《じん》出《しゅつ》離《り》
即《そく》獲《ぎゃく》摩《ま》頂《ちょう》受《じゅ》聖《しょう》記《き》

欲《よく》修《しゅ》無《む》上《じょう》菩《ぼ》提《だい》者《しゃ》
是《ぜ》人《にん》既《き》発《ほっ》大《だい》悲《ひ》心《しん》
一《いっ》切《さい》諸《しょ》願《がん》速《そく》成《じょう》就《じゅ》
有《う》人《にん》発《ほっ》心《しん》念《ねん》経《きょう》典《てん》
雖《すい》立《りゅう》是《ぜ》願《がん》不《ふ》思《し》議《ぎ》
斯《し》人《にん》有《う》業《ごっ》障《しょう》惑《わく》故《こ》

乃《ない》至《し》出《しゅつ》離《り》三《さん》界《がい》苦《く》
先《せん》当《とう》瞻《せん》礼《らい》大《だい》士《し》像《ぞう》
永《よう》無《む》業《ごっ》障《しょう》能《のう》遮《しゃ》止《し》
欲《よく》度《ど》群《ぐん》迷《めい》超《ちょう》彼《ひ》岸《がん》
旋《せん》読《どく》旋《せん》忘《もう》多《た》廃《はい》失《しつ》
於《お》大《だい》乗《じょう》経《きょう》不《ふ》能《のう》記《き》

供《く》養《よう》地《ぢ》蔵《ぞう》以《い》香《こう》華《げ》
以《い》浄《じょう》水《すい》安《あん》大《だい》士《し》前《ぜん》
発《ほつ》殷《おん》重《じゅう》心《しん》愼《しん》五《ご》辛《しん》
三《さん》七《しち》日《にち》内《ない》勿《もつ》殺《せつ》害《がい》
即《そく》於《お》夢《む》中《ちゅう》見《けん》無《む》辺《へん》
応《おう》是《ぜ》経《きょう》教《きょう》歴《りゃく》耳《に》聞《もん》

衣《え》服《ぶく》飲《おん》食《じき》諸《しょ》玩《がん》具《ぐ》
一《いち》日《にち》一《いち》夜《や》求《ぐ》服《ふく》之《し》
酒《しゅ》肉《にく》邪《じゃ》婬《いん》及《ぎゅう》妄《もう》語《ご》
至《し》心《しん》思《し》念《ねん》大《だい》士《し》名《みょう》
覚《かく》来《らい》便《べん》得《とく》利《り》根《こん》耳《に》
千《せん》万《まん》生《しょう》中《ちゅう》永《よう》不《ふ》忘《もう》

以《い》是《ぜ》大《だい》士《し》不《ふ》思《し》議《ぎ》
貧《びん》窮《ぐ》衆《しゅ》生《じょう》及《ぎゅう》疾《しつ》病《びょう》
睡《すい》夢《む》之《し》中《ちゅう》悉《しつ》不《ふ》安《あん》
至《しい》心《しん》瞻《せん》礼《らい》地《ぢ》蔵《ぞう》像《ぞう》
至《しい》於《お》夢《む》中《ちゅう》尽《じん》得《とく》安《あん》
欲《よく》入《にゅう》山《せん》林《りん》及《ぎゅう》渡《と》海《かい》

能《のう》使《し》斯《し》人《にん》獲《ぎゃく》此《し》慧《え》
家《け》宅《たく》凶《く》衰《すい》眷《けん》属《ぞく》離《り》
求《ぐ》者《しゃ》乖《け》違《い》無《む》称《しょう》遂《すい》
一《いっ》切《さい》悪《あく》事《じ》皆《かい》消《しょう》滅《めつ》
衣《え》食《じき》豊《ほう》饒《じょう》神《じん》鬼《き》護《ご》
毒《どく》悪《あく》禽《きん》獣《じゅう》及《ぎゅう》悪《あく》人《にん》

悪《あく》神《じん》悪《あく》鬼《き》並《びよう》悪《あく》風《ふう》
但《たん》当《とう》瞻《せん》礼《らい》及《ぎゆう》供《く》養《よう》
如《によ》是《ぜ》山《せん》林《りん》大《だい》海《かい》中《ちゆう》
観《かん》音《のん》至《しい》心《しん》聴《ちよう》吾《ご》説《せつ》
百《ひやく》千《せん》万《まん》劫《こう》説《せつ》不《ふ》周《しゆう》
地《ぢ》蔵《ぞう》名《みよう》字《じ》人《にん》若《にやく》聞《もん》

一《いつ》切《さい》諸《しよ》難《なん》諸《しよ》苦《く》悩《のう》
地《ぢ》蔵《ぞう》菩《ぼ》薩《さつ》大《だい》士《し》像《ぞう》
応《おう》是《ぜ》諸《しよ》悪《あく》皆《かい》消《しよう》滅《めつ》
地《ぢ》蔵《ぞう》無《む》尽《じん》不《ふ》思《し》議《ぎ》
広《こう》宣《せん》大《だい》士《し》如《によ》是《ぜ》力《りき》
乃《ない》至《し》見《けん》像《ぞう》瞻《せん》礼《らい》者《しや》

香《こう》華《げ》衣《え》服《ぶく》飲《おん》食《じき》奉《ぶ》
若能《にやくのう》以《い》此《し》廻《え》法《ほつ》界《かい》
是《ぜ》故《こ》観《かん》音《のん》汝《によ》当《とう》知《ち》

供《く》養《よう》百千《ひやくせん》受《じゆ》妙楽《みようらく》
畢竟《ひつきよう》成仏《じようぶつ》超《ちよう》生死《しようじ》
普《ふ》告《ごう》恒《ごう》沙《しや》諸《しよ》国《こく》土《ど》

太田　久紀（おおた・きゅうき）
昭和3年3月鳥取市に生まれる。
昭和26年駒澤大学文学部仏教科卒業。仏教学・唯識学専攻。
元駒沢女子短期大学教授。元駒沢大学仏教学部講師。元薬師寺唯識学寮講師。

［主要図書］
『選註成唯識論』『お地蔵さんのお経』『唯識三十頌要講』『随筆宿香界』（中山書房）『唯識の読み方』『凡夫が凡夫に呼びかける唯識』（大法輪閣）『観心覚夢鈔』（仏典講座・大蔵出版社）『仏教の深層心理』（有斐閣）『仏教のこころ』『修証義にきく』（曹洞宗宗務庁）『唯識の心と禅』『成唯識論要講全4巻』（中山書房）など

本書は、1978年に中山書房仏書林より刊行された『お地蔵さんのお経 地蔵菩薩本願経—講話』の新装版です。

お地蔵さんのお経 地蔵菩薩本願経講話

2023年2月9日　初版第1刷発行

著　者　太田久紀
発行人　石原俊道
印　刷　亜細亜印刷株式会社
製　本　東京美術紙工協業組合
発行所　有限会社 大法輪閣
〒150-0022 東京都渋谷区恵比寿南 2-16-6-202
TEL 03-5724-3375（代表）
振替 00160-9-487196番
http://www.daihorin-kaku.com

　ISBN978-4-8046-1442-7　C0015